Tita Kern

Nicole Rinder

Florian Rauch

Wie Kinder trauern

Tita Kern
Nicole Rinder
Florian Rauch

Wie Kinder trauern

Ein Buch zum Verstehen und Begleiten

Unter Mitarbeit von Ina Raki

KÖSEL

Die Namen aller zitierten Personen wurden geändert.
Bilder im Innenteil © AETAS

MIX
Papier | Fördert gute Waldnutzung
FSC® C010328
FSC www.fsc.org

Penguin Random House Verlagsgruppe FSC© N001967

5. Auflage 2024

Umschlag: Weiss Werkstatt München
Umschlagmotiv: © Angela Franke/plainpicture.com
Herstellung und Gestaltung: Heidi Nübling
Satz: Leingärtner, Nabburg
Druck und Bindung: Alföldi Nyomda Zrt., Debrecen
Printed in Hungary
ISBN 978-3-466-37174-7
www.koesel.de

Inhalt

Wenn Kinder dem Tod begegnen – Ein paar Worte vorab

Als Ludwigs kleine Schwester tot geboren wurde, wollten seine Eltern das, was sehr viele in dieser Situation spontan tun möchten: ihn vor dem Leid schützen, vor der Trauer, die diese Situation mit sich brachte. Denn plötzlich warteten Abschied und Schmerz statt Freude und Willkommen auf die kleine Familie.

Das Herz von Ludwigs Schwesterchen Marie hatte kurz vor der Entbindung aufgehört zu schlagen. Andrea und Bernhard, die Eltern, hatten ihre kleine Marie verloren, bevor das gemeinsame Leben beginnen konnte.

Gern hätten Ludwigs Eltern das Geschehene ungeschehen gemacht. Das ging nicht. Deshalb versuchten sie zumindest, es vor ihrem siebenjährigen Sohn Ludwig zu verheimlichen.

Mit diesem Wunsch und ihrem eigenen tiefen Schmerz um ihre kleine Tochter, um all das ungelebte gemeinsame Leben, das sie mit ihr nicht haben würden, saßen sie nun vor uns – und waren bestürzt, als wir den Abschied mit ihnen besprechen wollten. Ludwig sollte seine tote Schwester sehen? Sich verabschieden? Mit all der Trauer konfrontiert werden, die sie selbst kaum aushalten konnten? Aber warum?! Die beiden schauten sich und uns entsetzt an.

Solche Blicke sind uns aus vielen unserer Gespräche nur zu vertraut. Die erste Reaktion der meisten Eltern ist es, dass sie ihre Kinder vor der

Begegnung mit Tod und Trauer bewahren möchten. Wir verstehen diesen Wunsch und er ist uns auch aus unserem eigenen Erleben bei der Trauer um geliebte Menschen vertraut. Abschied und Trauer gehören für alle Menschen zu den schwierigsten Aufgaben. Oft erscheinen sie kaum aushaltbar. Doch wenn wir darauf stoßen, müssen wir uns stellen, ein Leugnen oder Ausweichen schützt uns nicht. Um den Schmerz zu verarbeiten, muss Trauer erlaubt sein. Denn wenn wir uns und unseren Kindern das Trauern verbieten, wird ein Abschiednehmen unmöglich.

Ludwig und die Trauer um Marie

Wir haben über viele Jahre hinweg erfahren dürfen, wie sehr es Trauernden hilft, sich vom Verstorbenen zu verabschieden. Ihn noch einmal zu sehen, zu berühren, ihm etwas mit in den Sarg zu geben … all das sind Chancen, die helfen, den Weg zu einem Abschied anzutreten.

So schlugen wir auch Ludwigs Eltern vor, dass die gesamte Familie sich von der kleinen Marie verabschieden dürfe. Wir würden in einem unserer Abschiedsräume alles vorbereiten. Marie würde dort gebettet sein. Alle drei, die Eltern und Ludwig, würden Gelegenheit bekommen, sie zu sehen, zu begreifen und sich von ihr zu verabschieden.

Ludwigs Eltern reagierten mit den gleichen entsetzten Aussagen und Fragen, die wir schon von vielen Eltern gehört hatten:

»Warum soll er das denn sehen? Das ist doch schrecklich!«

»Er ist noch so klein, man kann ihm doch kein totes Kind zeigen!«

»Das soll er nicht erleben, das würde ihn traumatisieren!«

Die Eltern planten, dass Ludwig an dem Tag ganz normal zur Schule gehen sollte. Auch zur Beerdigung sollte er nicht mitkommen. Nein, Andrea und Bernhard würden ihn später einmal mit ans Grab nehmen und ihm dann »alles zeigen«. Ich, Nicole Rinder, fragte daraufhin vorsichtig nach, was genau sie ihm denn zeigen und erklären wollten, da Marie nach ihrer bisherigen Aussage gegenüber Ludwig zu krank gewesen sei, um hierbleiben zu können, und deshalb direkt in den Himmel gegangen war.

Ludwigs Eltern stockten. Richtig, es wurde auch ihnen klar: Es wäre schwierig, Ludwig zu erklären, dass Marie sich im Himmel und gleichzeitig in einem Grab befand.

Im weiteren Gespräch veränderte sich bei Ludwigs Eltern der Blick auf diesen Abschied. Andrea wurde klar, dass auch sie selbst sich tief im Herzen einen Abschied von Marie wünschte, auch wenn sie gleichzeitig große Angst vor der Situation hatte. Ich bestärkte sie behutsam darin, sich den Abschied möglich zu machen: »Wenn Sie nur einen kleinen Funken des Wunsches in sich spüren, Ihr Kind zu sehen, dann tun Sie es. Das ist die einzige Möglichkeit, die Sie dafür bekommen werden. Sie können es nicht mehr nachholen.«

Die Eltern selbst hatten Marie nach der Geburt nicht gesehen. In der leider sehr typischen – eher angstmachenden – Art waren sie nach der Entbindung gefragt worden, ob sie ihr totes Kind sehen wollten. Aber natürlich müssten sie auch nicht … Wer so gefragt wird, neigt oft dazu, das Angebot abzulehnen. Auch die meisten Kinder werden im Übrigen genau auf diese Art »gefragt«. Und damit wird ihnen die Chance auf eine echte eigene Entscheidung genommen.

Ich schlug den Eltern deshalb vor, Ludwig offen zu fragen, ob er Marie sehen und kennenlernen wolle. Und Ludwig wollte. Am Tag des Abschieds kamen Andrea, Bernhard und Ludwig zu uns. Ludwig schien keine Angst zu haben. Seine Eltern dagegen wirkten angespannt und voller Angst. Munter fragte mich Ludwig: »Gehen wir jetzt zu meiner Schwester?«

Sein Vater Bernhard ermahnte ihn nervös: »Jetzt wart' halt, Ludwig.«

Vor dem Abschiedsraum angekommen, erklärte ich allen dreien

noch einmal, wie Marie aussehen würde. Dass sie kleine rote Fleckchen im Gesicht und etwas dunklere Lippen hatte, die Fingerchen ganz schrumpelig vom Fruchtwasser waren … Als die Tür aufging, lief Ludwig zielstrebig zu Marie, die auf einer kleinen Decke lag. Er kniete sich neben sie und rief: »Ah, guckt mal!«

Seine Eltern verharrten zögernd an der Tür, während Ludwig Marie lieb berührte und sofort begann, sie zu beschreiben: »Schau, die Lippen sind wirklich ganz dunkel. Und sie ist sooo klein …«

Die Eltern entspannten sich merklich, sie waren erleichtert, weil Ludwig so natürlich mit der Situation umging. Kaum hatten sie ein wenig durchgeatmet, ging es schon weiter. Ludwig fragte mich ganz selbstverständlich: »Darf ich sie auf den Arm nehmen?« Die Eltern erschraken und schauten mich mit großen Augen an.

Mich berührte Ludwigs Wunsch sehr und ich nickte nur. Ludwig setzte sich, ich legte ihm Marie behutsam in den Arm. Er, ganz der stolze Bruder, blickte liebevoll auf sie. Dann sagte er zu seinem Vater: »Papa, nimm sie auch mal.« Der Vater schluckte, und zum ersten Mal seit der Geburt konnte er seine Tränen zulassen. Er weinte vor Schmerz um den Tod seiner Tochter und aus Stolz auf seinen Sohn.

Kurz darauf saßen sie alle beieinander, Marie war umringt von ihrer Familie, wanderte von einem Schoß auf den anderen. Sie wurde genau angeschaut und beschrieben. Die gleiche Stupsnase wie der Bruder und schon so viele dunkle Haare wie die Mama. Es war eine unglaublich berührende, ruhige und wohltuende Atmosphäre. Später betteten Ludwig und seine Eltern gemeinsam die kleine Marie in den Sarg und legten ihr Geschenke mit hinein. Es stand in diesem Moment schon nicht mehr zur Frage, ob Ludwig bei der Beerdigung dabei sein würde.

Später erfuhren wir, dass Ludwig und seine Eltern sich mit diesem Tag eine wertvolle Erinnerung an ihre kleine Marie und den Abschied von ihr geschaffen hatten. Statt in Zukunft bedrückt zu schweigen, hatten sie die Möglichkeit gewonnen, miteinander über Marie und ihren Tod zu sprechen. Diese bereichernde Erfahrung wurde ein Teil ihres Lebens. Der Abschied von Marie wurde zu etwas, was sie gemeinsam erlebt hatten. Die Eltern erzählten uns später, dass sie nun ganz unbeschwert und offen miteinander, mit Ludwig und mit anderen Menschen über diese Zeit sprechen können.

Wer wir sind und warum wir dieses Buch geschrieben haben

Das hier beschriebene Erlebnis mit Ludwig ist eines, das für viele steht: Kinder nehmen so häufig die Angst aus der Situation, weil sie ganz natürlich mit Tod, Abschied und Trauer umgehen können. Nicht die Kinder, sondern wir, die Erwachsenen, sind oft diejenigen, die Angst davor haben. Das erfahren wir beinahe täglich in unserem Bestattungsinstitut *AETAS Lebens- und Trauerkultur*, welches Florian Rauch 2000 gründete und mittlerweile mit Nicole Rinder gemeinsam leitet. Einer unserer Schwerpunkte liegt auf Abschieden, bei denen auch Kinder betroffen sind. Lange haben wir überlegt, wie wir diesen Kindern nicht nur in den Tagen zwischen Tod und Beisetzung beistehen können, sondern auch noch in den Wochen und Monaten danach. 2007 entstand in München ein Projekt speziell mit diesem Schwerpunkt, das von Tita Kern und Simon Finkeldei konzipiert und geleitet wurde. Im Jahr 2013 konnten wir schließlich gemeinsam einen Herzenswunsch umsetzen: Wir gründeten unter dem AETAS-Dach die *AETAS-Kinderstiftung*, in der wir Kinder und ihre Familien in und nach besonders belastenden Lebenssituationen individuell begleiten. Ein großer Teil dieser Kinder hat sterbende Eltern, musste einen plötzlichen Todesfall erleben oder ist von Suizid betroffen. Tita Kern leitet die Stiftung.

Der wichtigste Ansatz in unserem Institut und in der Kinderstiftung ist nicht das »Verarbeiten« der Trauer mit der Intention, diese Trauer schnellstmöglich zu beenden. Uns geht es vielmehr darum, Gefühle der Trauer in das eigene Leben zu integrieren und gut damit weiterzuleben.

Für dieses Buch haben wir unsere Erfahrungen gesammelt. Die Texte um das Thema Tod herum erstellten vor allem Florian Rauch und Nicole Rinder. Die Inhalte, in denen es um die Begleitung von Kindern während des Sterbens und nach dem Tod eines nahestehenden Menschen geht, steuerte vornehmlich Tita Kern bei. Die Texte zur Begleitung trauernder Menschen allgemein spiegeln unser aller Erfahrungen wider.

In unserer Arbeit durften wir schon unzählige wunderbare Kinder und deren Mamas, Papas, Großeltern, Tanten oder Patenonkel kennenlernen. Sie alle beeindruckten uns mit ihrem großen Mut und der unermüdlichen Hoffnung, dass der Weg durch diese schwere Zeit zu schaffen ist. In der Begegnung mit ihnen haben wir unendlich viel gelernt. Wir möchten in diesem Buch unsere Erfahrungen mit diesen wundervollen Menschen weitergeben, um Sie für Ihren persönlichen Weg zu stärken.

Es sind keine einfachen Wege, die wir beschreiben. Immer wieder lauern Stolpersteine und oft gibt es nur die Möglichkeit, einen einzelnen Schritt nach dem anderen zu machen. Mal allein und mal mit Hilfe.

Die zehnjährige Hannah beschreibt, was ihr auf dem Trauerweg geholfen hat: »Den Elefanten habe ich als Krafttier für mich gebastelt. Er gibt mir immer Kraft, wenn ich sie brauche. Wann brauche ich Kraft? Wenn ich wütend bin, wenn ich traurig bin, wenn ich Angst habe oder wenn ich aufgeregt bin. Wenn einer aus der Familie stirbt, egal ob Mama, Papa oder Geschwisterkind, dann verliert man sehr viel Kraft. Daher hätte ich gerne hundert dieser Krafttiere und vielleicht noch viel mehr. Es ist ein gutes Gefühl, einen Helfer an der Seite zu haben.«

Das wünschen wir Ihnen von Herzen: Helfer an Ihrer Seite, Freunde und Wegbegleiter, damit Sie Ihren eigenen Weg finden, für sich und für Ihre Kinder. Wir hoffen, dass dieses Buch ein paar Antworten und Anregungen beisteuern und damit auch ein wenig Unterstützer sein kann für das, was vor Ihnen liegt.

Tita Kern
Nicole Rinder
Florian Rauch

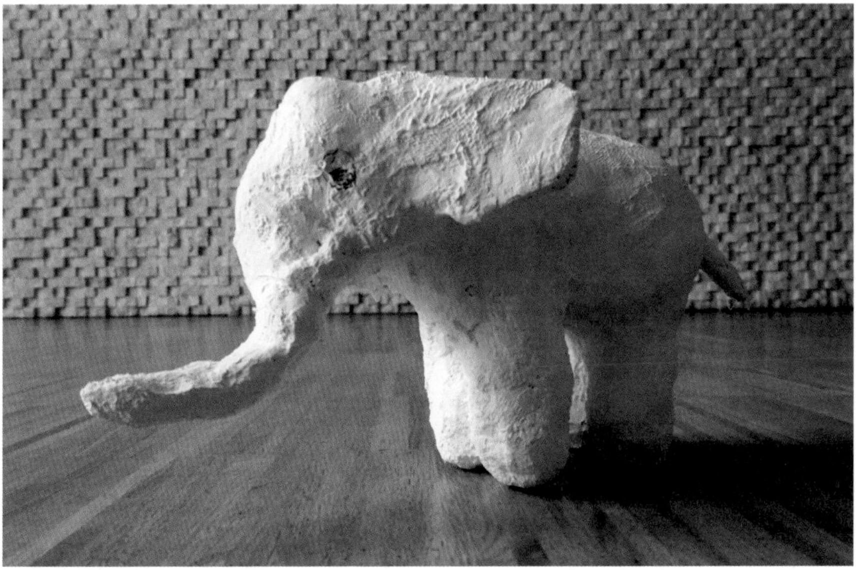

»Mein Krafttier«, Hannah, 10 Jahre

Was ist Trauer?

Es ist nicht zu beschreiben, wie kalt und leer es ist.
Ich versuche, nicht zu zeigen, wie sehr ich dich vermiss.
Meine Freunde tun ihr Bestes, aber das Beste ist nicht gut genug.
Für das, was du mir gabst, hat diese Welt kein Substitut.
(…)
Bei Gott, es fehlt ein Stück, haltet die Welt an.
Es fehlt ein Stück, sie soll stehen.
Und die Welt dreht sich weiter, und dass sie sich weiterdreht,
ist für mich nicht zu begreifen. Merkt sie nicht, dass einer fehlt?
Haltet die Welt an, es fehlt ein Stück.
Haltet die Welt an, sie soll stehen.

AUS DEM LIED »HALTET DIE WELT AN« VON GLASHAUS

Die Worte aus dem Lied von Glashaus geben wieder, was die meisten Menschen nach dem schmerzlichen Verlust einer geliebten Person empfinden: Das Gefühl, dass das Leben nicht mehr vollständig ist. Dass ein Teil davon herausgerissen wurde. Unwiderruflich. Ein Mensch fehlt für immer.

Wenn von Trauer die Rede ist, denken die meisten an den Tod. Getrauert wird, wo gestorben wurde. Ist Trauer also eine Ausnahme in unserem ansonsten trauerfreien Leben? Wenn wir etwas genauer hinschauen, wird schnell klar: Nein. Trauer gehört in vielen Lebensbereichen ganz selbstverständlich zum Leben dazu. Jeder hat schon einmal eine Trennung, eine Kündigung, einen Umzug miterlebt. Phasen, in denen es darum geht, Abschied zu nehmen. Ein Lebensabschnitt endet, ein neuer beginnt. Ein Teil des Lebens verändert sich unwiderruflich. Etwas wird nie mehr so sein wie vorher. Zum letzten Mal diesen Weg gehen, ein letztes Mal diese Tür öffnen, nur noch dieses eine Mal durch diese Räume gehen …

Damit umzugehen, ist nicht einfach. Für jeden gibt es einfachere, aber auch schlimme und schwierige Abschiede. Der Verlust eines geliebten Menschen zählt sicher zu den letzteren. Allein die Vorstellung, dass uns das passieren könnte: dass ein Mensch, der uns wichtig ist, plötzlich nicht mehr in unserem Leben ist, nicht mehr morgens neben uns aufwacht, uns nicht mehr abends gute Nacht wünscht, nie wieder lachen wird, nie wieder weinen, nichts mehr erzählen … sein Platz am Esstisch leer bleibt … allein die bloße Vorstellung davon macht den meisten Menschen so viel Angst, dass sie ihr um jeden Preis ausweichen möchten.

Viele Eltern möchten auch ihren Kindern diesen Schmerz ersparen. Das Dilemma dabei ist aber: Wir können es nicht. Der Tod kommt. Wir haben nicht die Chance, ihm auszuweichen. Wir haben die Wahl, uns entweder verzweifelt, aber vergeblich vor dem Schmerz zu verstecken – oder die Trauer über den Verlust anzunehmen, den gesamten Trauerprozess zu erleben.

Trauer heilt den Schmerz. Niemals so, dass er danach »weg« ist. Doch so, dass er anders wird und wir mit dem Verlust weiterleben können. Unweigerlich wird das Leben nach diesem Todesfall ein anderes sein als vorher. Es wird aber – selbst, wenn das zunächst oft nicht vorstellbar ist – auch wieder schöne und leichte Momente geben. Es kann wieder ein gutes Leben werden. Die Trauer kann sich neben all dem ins Leben integrieren, was schön ist und gut. Sie wird weiter da sein, immer wieder einmal auftauchen. Aber sie wird nicht für immer alles andere überdecken.

Die Trauer kann helfen, das Gefühl zu überwinden, dass der Welt für immer etwas fehlt, sie für alle Zeit kaputt, unvollkommen, zerstört sein wird. Doch dafür müssen wir uns dieser Trauer erst einmal stellen.

Warum uns die Trauer solche Angst macht

Um einen Menschen zu trauern, den wir geliebt haben, ist ganz normal. Unser Herz wird schwer und wir erleben einen großen Schmerz. Die Trauer ist dabei wie ein Weg, der gegangen werden muss. Dass es so schwerfällt, sich auf diesen Weg zu machen, hat neben unserem Bedürfnis, dem Schmerz entkommen zu wollen, auch noch andere Gründe. Unsere Gesellschaft hat sich diesbezüglich verändert. Unser Glaube an die Planbarkeit ist groß geworden. Der Tod aber ist größer und erschüttert diesen Glauben zutiefst, fegt ihn weg: Der Tod ist nicht planbar und alles, was er an Veränderung mit sich bringt, ebenso wenig.

Niemand will, dass ein geliebter Mensch stirbt. Wir hoffen, dass nach Krankheit die Genesung folgt oder nach einem Unfall alles wieder gut wird und der geliebte Mensch bei uns bleibt. Wir verdrängen, dass der Tod kommen kann. Bis zu einem gewissen Punkt ist das auch in Ordnung. Aber spätestens, wenn jemand stirbt, muss man sich damit auseinandersetzen. Das Leben hat es so vorgesehen, dass wir sterben. Alle Menschen, alle Lebewesen müssen sterben. Das Mantra der Moderne – »alles muss gut klappen, alles kann perfekt sein, alles ist möglich, wenn man nur will, wir sind unserem Schicksal nicht ausgeliefert« – wird mit dem Tod ad absurdum geführt.

Früher war der Tod ein natürlicher Bestandteil des Lebens. Nicht weniger schmerzlich empfunden von denen, die einen Menschen verloren, aber weniger geleugnet als heute. Auch der Umgang mit Kindern, sei es beim Abschied von einem Toten oder auch in anderen Situationen, war früher ein anderer. Kinder liefen oft »mit«, waren selbstverständlicher bei allem dabei. Das ist auch heute noch in anderen Kulturen der Welt so.

Doch in unserer Gesellschaft erschweren einige Aspekte den Umgang mit dem Unvorhersehbaren, das zum Leben dazugehört. Zum einen ist uns sehr wichtig, dass alles möglichst gut klappt. Wir möchten glauben, dass wir jederzeit die Kontrolle haben, alles zum Guten wenden können. Zum anderen spielt eine Rolle, dass die Großfamilie verloren gegangen ist. Nur noch ganz selten leben heute mehrere Generationen unter einem Dach.

Noch vor etwa hundert Jahren sah das auch bei uns ganz anders aus: Die Großfamilie war der Normalfall. Kinder wurden zu Hause geboren und auch gestorben wurde zu Hause. Der Tote wurde tagelang in einem Raum aufgebahrt, jeder konnte zu ihm gehen und Abschied nehmen. Es gab ein Kommen und Gehen von Familie, Freunden und Nachbarn, Menschen jeden Alters. Der Tod gehörte zum Leben dazu, ganz selbstverständlich.

Heute werden viele Erwachsene erstmals mit dem Tod konfrontiert, wenn ihre eigenen Eltern sterben. Nicht selten sitzen wir in unserem Bestattungsinstitut Menschen gegenüber, die uns erklären, dass sie noch nie einen Toten gesehen haben und das jetzt auch nicht mehr brauchen. Beerdigungen finden sie schrecklich, sodass sie diese wenn möglich meiden.

Der Grund dafür ist oft große Unsicherheit und Angst. Angst, die eigenen Emotionen nicht im Griff zu haben, von Gefühlen überrollt zu werden. Den natürlichen Umgang mit den Toten erlebt kaum noch jemand. Kaum einer bekommt noch gezeigt, wie das gehen kann. In Alten- und Pflegeheimen wird hinter verschlossenen Türen gestorben. Nur in wenigen Krankenhäusern gibt es Abschiedsräume, in denen man den Toten sehen und beginnen kann, den Tod zu begreifen. Meist werden die Verstorbenen vom Krankenzimmer umgehend in die Kühlung transportiert. Und in diesem Moment beginnt die »Bestattungsrallye«, wie wir es nennen: Die Hinterbliebenen haben Aufgabenlisten abzuarbeiten, für Trauer ist da keine Zeit. Auch nicht für ein Begreifen.

Viele Menschen sind in dieser Situation unsicher, haben Angst. Der Schmerz ist zu groß und soll möglichst schnell wieder aufhören. Sind Kinder betroffen, sollen sie erst recht nicht zu viel davon mitbekommen, sind doch die Erwachsenen selbst heillos überfordert. Und so behalten sie – auf den ersten Blick – die Kontrolle über das Geschehene, indem sie versuchen, einfach ihre To-do-Liste abzuarbeiten: Papierkram, Organisation, Leute benachrichtigen, Einladungen, Abmeldungen, Blumenschmuck, Grabstein … Zu funktionieren, das gibt für die erste Zeit auch Halt. Doch die Tage zwischen Tod und Beisetzung sind für den zukünftigen Umgang mit dem Verlust mitentscheidend. Insofern wäre es sinnvoll und hilfreich, in dieser Zeit auf der einen Seite für Stabilität zu sorgen, um sich auf der anderen Seite mit dem Tod und der dazugehörigen Trauer auseinandersetzen zu können. Manche verlieren sich in diesem Gefühlschaos. So kann es passieren, dass Kinder von all dem noch stärker ausgeschlossen werden. Denn auch in der Erziehung gilt heute oft: Alles soll reibungslos laufen. Falls das nicht gelingt, sind die Eltern für Fehler verantwortlich. So betrachtet wird verständlich, warum die meisten Eltern bei einem Todesfall im Umfeld des Kindes herausgefordert sind: Sie sind selbst mit Trauer und ihren eigenen Gefühlen konfrontiert, müssen noch dazu in einer absoluten Ausnahmesituation für ihr Kind da sein. Jede Reaktion des trauernden Kindes wird zudem noch von außen beobachtet und bewertet. Hier die richtigen Prioritäten zu setzen, sich und dem Kind Raum zum Trauern zu verschaffen, das ist oft unglaublich schwer.

Entwicklungen, die Hoffnung machen

Zum Glück gibt es in den letzten Jahren auch positive Veränderungen im Umgang mit dem Tod. So ist es in Hospizen oder auf Palliativstationen selbstverständlich, dass die Angehörigen sich im Zimmer oder in eigens dafür vorgesehenen Abschiedsräumen verabschieden dürfen. Leider sieht die Wirklichkeit aber noch eher so aus, dass die meisten Menschen im Krankenhaus oder Pflegeheim sterben. Dort entscheidet die Hausphilosophie darüber, wie mit den Toten umgegangen wird. Die meisten Betroffenen bekommen keine Möglichkeit zum Abschied.

Trauer ist gesund

Die verschiedenen Phasen oder, wie wir es bevorzugt nennen, Farben der Trauer (siehe hierzu auch ab Seite 123) können das Leben hinterbliebener Menschen lange begleiten und sich in verschiedenen Gefühlen zeigen, etwa in Wut, Schmerz, Trauer, Angst, Freude, Verzweiflung oder Schuldgefühlen. Da in unserer Gesellschaft oft Geduld fehlt und wir dazu neigen, unangenehme Gefühle zu vermeiden, stellen sich viele Menschen im Trauerprozess schon bald die Frage, ob das, was sie im Zusammenhang mit dem Tod eines nahestehenden Menschen erleben, noch »normal« ist. Oder sie spüren, dass diese Frage in ihrem Umfeld aufkommt. Dass andere Menschen ungeduldig werden, den Anspruch haben, dass »jetzt aber genug getrauert« ist. Wann aber ist »genug« getrauert?

Es hilft keinem Trauernden, getrieben zu werden zu einem »jetzt ist es genug«, »jetzt ist es wieder gut«. Ganz im Gegenteil: Gefühle wollen gelebt werden. Den meisten Trauernden fällt es ohnehin schwer, die schmerzhaften Gefühle zuzulassen. Noch schwieriger aber ist für viele, dass sie sich geradezu genötigt fühlen, ihre Gefühle zu unterdrücken und schnell in den Alltag zurückzukehren, so als wäre nichts gewesen. Das ist unmöglich. Viele Trauerforscher beschreiben, dass Trauer eine gesunde, lebensnotwendige Reaktion auf Verlust und Trennungsereignisse ist.

Viele Trauernde wünschen sich auch selbst ein Ende der Trauerzeit und haben gleichzeitig Angst davor, mit diesem Ende auch die Verbindung zum verstorbenen Menschen zu verlieren, ihn zu vergessen. Doch das wird nicht der Fall sein: Es darf einen Teil der Liebe geben, der beim verstorbenen Menschen bleibt. Und gleichzeitig darf ich mir auch erlauben, ein Leben ohne den Verstorbenen zu führen. Erst wenn der Tag nicht mehr gefüllt und bestimmt wird mit Erinnerungen und Sehnsucht nach dem Verstorbenen, kann man frei sein für Neues.

Die Zeit der Trauer wird immer wieder mit so tiefen Gefühlen erlebt, dass viele Betroffene Angst bekommen, »verrückt« zu sein. Und das stimmt auch, wenn man dieses Wort wirken lässt: Sie wurden verrückt, weg von ihrem bisherigen Platz im Leben, von ihrem bisherigen und geplanten weiteren Lebensweg. Sie müssen jetzt einen neuen Weg gehen, einen ohne den Verstorbenen. Das, was vorher wichtig war, ist jetzt vielleicht ohne Belang. Aspekte, Momente, Details, die bisher bedeutungslos schienen, bekommen dagegen großen Wert. Der Blick auf die Welt und das Leben kann sich nach einem Todesfall völlig verändern. Auch wenn jemand nach drei, sechs oder zehn Jahren in einer bestimmten Situation berührt und an den Verstorbenen erinnert wird, ist das ganz normal.

Wir erleben oft, dass Trauernde oder Menschen in ihrem Umfeld sich sorgen, dass aus einer intensiven Trauer psychische Störungen wie Depressionen, Angsterkrankungen oder posttraumatische Belastungsstörungen entstehen könnten: »Wieso ist Mutter denn immer noch nicht über Vaters Tod hinweg, das ist doch jetzt schon drei Jahre her?«, fragt man sich.

Trauer an sich ist nicht gefährlich, nur die Trauer, die stecken bleibt, entweder in der Vermeidung oder in der Fokussierung auf den Verlust. Das zeigt sich, wenn keine Bewegung, kein Leben mehr in der Trauer ist, ein Mensch also wirkt, als sei er eingefroren in Trauer oder in der Trauervermeidung. Trauer, die aus welchen Gründen auch immer nicht gelebt werden konnte, wird sich einkapseln, einfrieren. Da die ungelebte Trauer unbewusst ist, kann sie bei einem Kind, Jugendlichen oder Erwachsenen Probleme oder Krankheiten mit sich bringen. Vieles was Sie (oder Ihr Kind) als Trauernde im Moment erleben, ist eine normale und gesunde Reaktion. Schwierig wird es, wenn Grenzen überschritten werden und Trauernde zum Beispiel nur noch aggressiv reagieren, sich oder anderen wehtun. Dann ist es wichtig, zu schauen, welchen Weg es geben könnte, einen anderen Ausdruck zu finden für das, was gerade geschieht, quält und hilflos macht, und wenn nötig auch Hilfe von außen zu suchen.

Trauer und ihre Gefühle

Trauer kann sich in Gefühlen, Gedanken, körperlichen Empfindungen oder bestimmten Verhaltensweisen zeigen. Folgende Reaktionen treten in vielen Trauerprozessen auf:

- Gefühle wie Traurigkeit, Zorn, Angst, Einsamkeit oder Neid auf andere können zum Trauern gehören.
- Bisher unbekannte Gedanken, etwa dass man den Verlust nicht wahrhaben will, sogar zeitweilige Halluzinationen können auch in gesunden Trauerprozessen auftauchen.
- Das körperliche Empfinden wird oft durch die Trauer beeinflusst. Viele Trauernde spüren einen Energiemangel, Schlafstörungen oder auch Beschwerden wie Brustbeklemmungen.

- Das Verhalten vieler Trauernder ändert sich: manche ziehen sich zurück, bei vielen verändert sich auch der Appetit.
- Viele Trauernde entwickeln eine neue Einstellung zu Glauben und Spiritualität: Sinnfragen werden neu empfunden und beantwortet, Zweifel an bisherigen Glaubensmustern können auftreten. Oder aber der Glaube verfestigt sich und gibt einem Halt. Einige finden sogar erst durch den Tod zum Glauben.
- Die kleinsten Alltagsaufgaben können zeitweise nicht bewältigt werden.

Wann brauchen Trauernde Hilfe?

Die meisten Menschen werden irgendwann in ihrem Leben mit Situationen konfrontiert, in denen alles, was bisher funktioniert hat, nicht mehr wirkt. Stirbt ein geliebter Mensch, werden die Hinterbliebenen dadurch stark herausgefordert. Auch wenn sie in dieser Zeit häufig an ihre Grenzen stoßen, können die meisten Menschen schließlich das Erlebte begreifen, in ihre Erfahrungswelt integrieren und eine neue Beziehung zu dem Verstorbenen aufbauen, um das Leben auch nach dem Tod des geliebten Menschen weiter zu gestalten. Es gibt jedoch auch so schmerzvolle Situationen, dass seelische und körperliche Beeinträchtigungen entstehen, die nicht mehr ohne Hilfe von außen zu bewältigen sind. Die folgenden Aspekte können darauf hinweisen, dass Trauernde professionelle Unterstützung benötigen:

- **Die Trauerpausen fehlen:** Jeder Trauernde braucht und erlebt Phasen der Entlastung, in denen es ihm eine Zeit lang besser geht. Wir bezeichnen das als Pausen vom Traurigsein (siehe auch Seite 63 f.). Falls es diese Pausen nicht gibt und die Phasen, in denen die überwältigenden Trauergefühle dominieren, nicht kürzer werden, braucht ein Trauernder womöglich Hilfe, weil sich unter Umständen eine Depression oder eine andere psychische Erkrankung entwickelt (siehe Kasten Seite 28).

- **Gutes kann dauerhaft nicht wahrgenommen werden:** Ein weiteres Anzeichen für eine zu starke Beeinträchtigung kann es sein, wenn ein Trauernder auch nach etwa einem Jahr noch Schwierigkeiten hat, schöne Erinnerungen überhaupt zuzulassen, und immer noch jeder Tag mit Sorgen und verzweifelten Gedanken über den Verstorbenen ausgefüllt ist.
- **Verlust des Lebenswillens:** Wenn der Trauernde selbst nicht mehr leben möchte, apathisch wirkt und nicht mehr am Leben um ihn herum teilnimmt, braucht er dringend Hilfe von außen.
- **Sozialer Rückzug:** Gibt der Trauernde seinen Arbeitsplatz auf oder hat den Kontakt zu sämtlichen Freunden, Verwandten und Bekannten abgebrochen, ist auch das ein Indikator dafür, dass professionelle Unterstützung gesucht werden sollte.
- **Psychische Erkrankungen:** Angst, Depression, Einfrieren in Trauer oder Abwehr, unerklärliche Schmerzzustände oder andere körperliche Symptome, Panikattacken oder anhaltende Schlafstörungen sind ebenfalls Warnsignale, bei denen der Rat geeigneter Trauerbegleiter oder Therapeuten gesucht werden sollte.
- **Suchtverhalten:** Wenn sich eine Alkohol- oder Medikamentenabhängigkeit entwickelt, ist das ein starkes Warnsignal, das beachtet werden muss.

Hinweise auf Traumata und Posttraumatische Belastungsstörungen (PTBS)

Der Begriff Trauma wird häufig verwendet, wenn von Sterben und Tod die Rede ist. Doch was ist ein Trauma eigentlich – und muss es uns ein Leben lang begleiten? Konkret versteht man unter einem psychischen oder seelischen Trauma eine anhaltende Verletzung, die die Selbstheilungskräfte übersteigt und zu einer nachhaltigen Erschütterung von Selbst- und Weltverständnis führt.

Auch Todesfälle – etwa durch Suizid oder Gewalteinwirkung – und andere als unüberwindbar erlebte Verluste können traumatische Ausmaße haben und eine Wunde hinterlassen, die so tief und nachhaltig verletzt, dass sie auch nach langer Zeit und aus eigener Kraft nicht ausreichend heilt. Selbst solche Ereignisse können aber, wenn ein Mensch danach adäquat begleitet wird und die Erfahrungen bearbeiten und integrieren konnte, erfolgreich überwunden werden, ohne dass sich daraus zwangsläufig eine bleibende Beeinträchtigung entwickeln muss. Wenn der entstandene hohe Stress jedoch bestehen bleibt und nicht bearbeitet werden kann, entstehen unter Umständen psychische Symptome und Krankheitsbilder, die sehr belastend sein können. Eines davon ist die Posttraumatische Belastungsstörung (PTBS).

Wichtig ist uns, an dieser Stelle noch einmal zu sagen: Das Durchleben eines schwierigen, schlimmen oder dramatischen Verlustes *kann* zu psychischen Symptomen führen – muss es aber nicht. Selbst sehr schwere Verluste und tief erschütternde Erlebnisse können ins Leben integriert werden, ohne dass trauernde Menschen dadurch zwangsläufig bleibende Schäden erleiden.

Hinweise auf eine PTBS können folgende Symptome und Umstände sein:

- Der Trauernde hat ein einschneidendes Ereignis erlebt oder einen Verlust erfahren, der von außergewöhnlich schwierigen Umständen begleitet war und anhaltend das Selbst- und Weltverständnis erschüttert hat.
- Immer wieder treten extrem intensive Erinnerungen an das Erlebnis auf, die den Trauernden in Form von »Flashbacks« überrollen. Das bedeutet, dass eine Erinnerung sehr heftig auftritt, von intensiven Gefühlen begleitet wird und der Betroffene sie als real erlebt, also derart starke Gefühle und auch körperliche Reaktionen empfindet, als wäre es keine Erinnerung, sondern würde tatsächlich passieren.
- Wenn der Trauernde starke Erinnerungslücken rund um das Verlusterlebnis hat, über längere Zeit ständig psychisch empfindlich, sehr aufgewühlt oder schreckhaft ist, sich nicht konzentrieren kann, sehr reizbar ist, schnell wütend wird oder unter Schlafstörungen leidet, so können das ebenfalls Hinweise auf eine PTBS sein.
- Ebenso sind sozialer Rückzug, ein Gefühl, als wäre man betäubt oder emotional stumpf, Gleichgültigkeit gegenüber anderen Menschen sowie eine dauerhafte Niedergeschlagenheit mögliche Symptome dafür, dass sich eine PTBS ausprägt.
- Ein weiteres typisches Verhalten nach einem Trauma, das nicht gut verarbeitet wurde, ist Vermeidung. Der Betroffene bemüht sich, alle Situationen und Orte, aber auch Gedanken, Gespräche und Menschen zu vermeiden, die ihn an das schlimme Erlebnis erinnern.
- Meist treten die genannten Symptome in Kombination auf, klingen auch nach Wochen nicht ab oder verstärken sich sogar und erzeugen deutliches Leid.

Auf einen Blick

- Tod und Sterben eines nahestehenden Menschen bedeuten immer einen tiefen Einschnitt in das Leben aller Betroffenen. Das Leben nach dem Tod eines lieben Menschen ist ein anderes, als es das Leben mit diesem Menschen war.
- Trauernde brauchen vor allem die Unterstützung und das Verständnis ihres Umfelds. Was sie nicht brauchen, ist Druck und diverse Erwartungssignale, dass die Trauer schnell vorbei sein möge.
- Hilfe von außen kann notwendig werden, wenn der Trauernde entweder in seiner Trauer einfriert oder diese völlig vermeidet, wenn sein Verhalten ihm selbst oder anderen schadet.

Wie Kinder Trauer erleben

Nicht, weil es schwer ist, wagen wir es nicht.
Sondern weil wir es nicht wagen, ist es schwer.
SENECA

»So einem kleinen Kind kann man doch keinen Toten zeigen.«

»Das ist alles viel zu gruselig und zu stressig, damit kommt der Kleine nicht zurecht.«

»Wir erklären unserer Tochter das später mal, jetzt soll sie noch nicht erfahren, dass die Oma gestorben ist.«

»Jetzt versteht unsere Kleine doch noch gar nicht, was Sterben ist. Sie soll deshalb damit noch nicht konfrontiert werden, all das macht ihr nur Angst.«

Sätze wie diese hören wir immer wieder. Viele Familien sind unsicher, haben Angst, kennen sich in dieser neuen Situation nicht aus. Die Erwachsenen müssen oft selbst schauen, wie sie die erste Zeit »überleben«, und haben erst einmal den Drang, dass die betroffenen Kinder möglichst nichts davon mitbekommen sollen. Dieser Wunsch ist nachvollziehbar und für den ersten Moment auch in Ordnung, jedoch nicht für immer zu erfüllen. Niemand lebt nach einem Todesfall so weiter, als wäre nichts geschehen. Auch Kinder können das nicht. Und es wäre auf lange Sicht auch nicht gut für sie.

Kindertrauer ist anders

Vielleicht erleben Sie als Erwachsene, dass Kinder anders auf den Tod und die Verlustsituation reagieren, als Sie es erwartet haben. Manches Kind reagiert sehr stark – mit Wut, auffälligem Verhalten, laut und unbeherrscht. Ein anderes scheint vielleicht gar nicht von Trauer berührt: Es spielt fröhlich, verhält sich, als wäre nichts geschehen, registriert den Tod der Oma oder des Vaters scheinbar emotionslos. Und wieder ein anderes Kind zieht sich völlig in sich selbst zurück, ist still und lässt gar keine Gefühle oder Gedanken nach außen dringen. Alle diese Reaktionen sind völlig normal, doch für manche Eltern oder andere Bezugspersonen schwer auszuhalten. Es macht uns Erwachsene hilflos, wenn wir die Welt eines Kindes nicht beschützen können vor dem, was das Leben mit sich bringt. Es zerreißt uns das Herz. Am liebsten würden wir alles wieder in Ordnung bringen. Nicht nur für das Kind, sondern auch für uns selbst.

Zudem sind wir Erwachsenen oft verunsichert, wenn ein Kind sich ganz anders verhält, als wir es erwartet haben. Wir bekommen vielleicht Angst davor, etwas übersehen zu haben, befürchten, dass das Kind seine Trauer verdrängt, weil es keine offensichtlichen Reaktionen zeigt.

Doch wir Erwachsenen müssen vor allem lernen, mit unserer eigenen Hilflosigkeit, Ohnmacht und Trauer umzugehen. Für das trauernde Kind ein zuverlässiger Hafen zu sein. Da zu sein, wann immer es uns braucht. Ein Leuchtturm in der Trauer zu werden, der dem Kind zeigt: Das, was es jetzt empfindet, tut weh, gehört aber mit dazu. Es ist in Ordnung, egal wie und ob es diese Gefühle nach außen zeigen will und kann. Signalisieren Sie Ihrem Kind: »Ich verstehe dich. Ich trauere auch. Ich bin für dich da und verstecke mich nicht vor deinen Fragen.«

Was wesentlich im gesamten Trauerprozess ist: Große und Kleine trauern gleichermaßen, auch wenn das ganz unterschiedlich aussehen kann. Große können die Kleinen nicht vor der Trauer bewahren, das ist nicht das Ziel. Sie können sie begleiten. Sie als Große dürfen selbstverständlich auch selbst trauern und das dem Kind auch zeigen. Doch Sie bleiben in dieser Zeit die Großen – und die Kleinen bleiben die Kleinen. Wie das gemeint ist und wie es praktisch gelebt werden kann, werden wir in den folgenden Kapiteln immer wieder an Beispielen zeigen.

Sicher haben Sie schon einmal erlebt, wie Kinder emotional auf einen Streit der Eltern reagieren, selbst wenn sie diesen gar nicht miterlebt haben, also eigentlich nichts davon wissen können. Wie sie spüren, dass »etwas in der Luft liegt«, obwohl die Eltern sich sehr bemühen, Probleme vor ihnen zu verheimlichen. Gerade, weil Kinder etliche Dinge nicht kennen, ihnen manche Erfahrungen noch fehlen und sie bestimmte Zusammenhänge noch nicht so herstellen können wie erwachsene Menschen, funktioniert bei vielen Kleinen die emotionale Wahrnehmung direkter und sensibler als bei uns Großen. Sie fühlen, dass etwas passiert ist.

Kinder brauchen in dieser Situation die Unterstützung ihrer Bezugspersonen, um zu erfassen, was geschehen ist – und um mit den damit verbundenen Umwälzungen und Gefühlen umgehen zu können. Wenn sie dabei nicht einbezogen und mitgenommen werden, das Geschehene ignoriert wird, ist das für Kinder sehr verwirrend. Sie spüren, dass etwas anders ist und das Verhalten oder die Reaktionen der Bezugspersonen nicht mit dem eigenen Empfinden übereinstimmen. Für Kinder sind Eltern und andere erwachsene Bezugspersonen lange Zeit die Menschen, die die Welt schon kennen und ihnen alles vorleben. Wenn das kindliche Empfinden und die Aussagen der Großen sich widersprechen, gerät das Kind deshalb in ein Dilemma. Trauern wird schwer, wenn nicht gar unmöglich, und das Vertrauen in die eigenen Gefühle, das eigene Empfinden und womöglich auch in die Bezugspersonen schwer erschüttert.

Können Kinder Sterben und Tod überhaupt verstehen?

Erst in den letzten drei Jahrzehnten wandelt sich der Blick Erwachsener auf die kindliche Trauer. Denn lange stellte man infrage, dass Kinder überhaupt Trauer empfinden können. Begründet wurde der Zweifel an kindlicher Trauer damit, dass sie emotional und geistig noch nicht weit genug entwickelt seien, um Verlust zu verstehen.

Zum Glück ist heute die Erkenntnis etwas verbreiteter, dass ein Mensch nicht alles bis ins letzte Detail rational verstehen muss, um tief zu empfinden, und dass vieles, was noch nicht verstanden wird, erklärt werden kann. Dennoch ist der Umgang mit Trauer, Sterben und Tod auch heute noch stark von Unsicherheit geprägt, vor allem, wenn Kinder von dieser Trauer betroffen sind.

Zu erfahren und zu begreifen, was der Tod bedeutet – für die eigene Welt, für sich selbst und für die Beziehung zum Verstorbenen –, ist komplex. Auch Erwachsene stoßen bei diesen Fragen an ihre Grenzen. Bei Kindern kommt dazu, dass ihr individueller Entwicklungsstand und die bisher noch wenig oder gar nicht vorhandenen Erfahrungen mit Tod und Abschied natürlich einen Einfluss auf ihr Erleben haben.

Altersabhängige Vorstellungen vom Tod

Kinder haben schon früh eine Vorstellung vom Tod und sind durchaus in der Lage, dessen Ausmaß und die Bedeutung seiner Folgen zu spüren. Eine umfassende Todesvorstellung entwickelt sich jedoch erst allmählich. Dabei spielen die Erklärungen und das Verhalten der Eltern und der anderen Bezugspersonen eines Kindes eine große Rolle. Sie sind die Basis, auf der sich die Vorstellung des Kindes von Tod und Leben aufbaut. Die Todesvorstellung wird also stark durch die Gespräche und Erfahrungen im Elternhaus geprägt. Außerdem natürlich auch durch das Alter des Kindes und dadurch, welche eigenen Erfahrungen es bisher mit Tod und Sterben schon gemacht hat.

Wir alle verändern uns ständig. In der Kindheit steht dieser Aspekt jedoch noch viel stärker im Vordergrund; Kinder entwickeln fortlaufend neue Fähigkeiten, erleben neue Herausforderungen, machen riesige körperliche, kognitive und emotionale Entwicklungsschritte. Auch die ganze Umgebung, die Welt verändert sich ständig für das Kind. Es entwickelt gerade erst seine Wahrnehmung und die Fähigkeit, Dinge und Erlebnisse einzuordnen. Auch eigene Grenzen werden ständig neu erlebt, neu definiert.

Das Empfinden von Trauer und Verlust ist ebenso wie alle anderen Lebensthemen Entwicklungsprozessen unterworfen. Zu begreifen, dass das Leben endlich ist, dass Körper aufhören können zu funktionieren, dass dies alle Menschen und andere Lebewesen betreffen kann, die mir wichtig sind – dass sogar Mamas und Papas und Geschwisterkinder nicht davon ausgenommen sind – und dass »Totsein« nicht wieder aufhört, das ist eine ungeheuer große Aufgabe. Wenn wir ehrlich sind, fällt das ja auch uns Erwachsenen schwer. Auch wir begreifen nicht immer und vollumfänglich, was es heißt, dass ein geliebter Mensch »niemals« wiederkommt.

Kinder können auf ihren unterschiedlichen Entwicklungsstufen erst nur zum Teil, später immer mehr und mehr erfassen und in ihr Leben, Fühlen und Denken integrieren, was Tod bedeutet. Jede neue Entwicklungsstufe erschließt dabei neue Verstehensebenen. Dieses Weitergehen auf neue Ebenen des Verstehens und all die Situationen im Leben des Kindes, in denen der Verstorbene besonders fehlt, stoßen dann immer wieder eine Neueinordnung des Themas an. Die Themen Verlust und Trauer wachsen sozusagen mit einem Kind mit.

Das ist normal und gesund. Es kann für Erwachsene hilfreich sein, eine grobe Idee von der Entwicklung des Todesverständnisses bei Kindern zu haben. Die folgende altersbezogene Aufteilung kann als eine ungefähre Orientierung dienen. Denn kein fünfjähriges Kind gleicht letztlich einem anderen, auch Achtjährige haben sehr individuelle Entwicklungsgrade. Die Entwicklung und das Fühlen und Verhalten in bestimmten Momenten hängen von vielfältigen Einflüssen ab. Bitte behalten Sie das immer im Sinn, während Sie den Weg mit Ihrem Kind gehen.

Vor dem Kindergarten – Wie die ganz Kleinen den Tod erleben

Säuglinge und Kleinkinder können Tod als einen unwiderruflichen Abschied selbst noch nicht erfassen. Sie schwingen vielmehr mit dem Umfeld, spüren und übernehmen die Stimmungen ihrer Bezugspersonen. Letztlich ist der Tod für diese Altersgruppe »ein Abschied unter vielen«. Die Bedeutung in ihrer Endgültigkeit ist noch nicht erfassbar. Was solch kleine Kinder belastet, ist daher eher die Trennung von einer wichtigen Bezugsperson, weniger das Begreifen, dass dieser Abschied für immer ist. Trauer gleicht in diesem Alter einem anhaltenden Trennungsschmerz. Diese schmerzhafte Trennung, die keine Auflösung mehr findet, und das Schwingen mit der Belastung der Bezugspersonen macht die Belastung kleiner Kinder aus.

Zeichen von **Trennungsschmerz** können Weinen, Unruhe, Frustration und verändertes Schlaf- und Essverhalten sein. Oft kann das Kind nach einem solchen Verlust auch weitere Trennungen schlechter verkraften. Es reagiert vielleicht mit **Trennungsangst** und der starken Suche nach Verbindung. Wie sich das auswirken kann, beschreibt Jans (3 Jahre) Mama:

»Ich kann die Uhr danach stellen. Wenn ich Jan ins Bett gebracht habe, dauert es genau sieben Minuten und er steht in der Tür und sagt, dass er nicht schlafen kann, Durst hat oder mir noch etwas ganz Wichtiges erzählen muss. Dabei sehe ich, dass er hundemüde ist.«

Typische Folgen dieser Trennung sind auch körperliche Reaktionen, wie zum Beispiel Bauchweh. Oft **spiegeln** die Kleinsten auch die

Belastung der Erwachsenen. Oder sie versuchen, ihre Großen zu trösten. Der Papa der dreijährigen Lili erzählt etwa:

»Immer wenn ich weinen muss, verzieht auch Lili ihr Gesicht. Ich kann förmlich in ihrem Gesicht sehen, wie es mir geht.«

Was jetzt helfen kann:

- **Bieten Sie einen gewohnten Rahmen.** Ein liebevoller, haltgebender Rahmen mit vertrauten Menschen und Abläufen hilft Ihrem Kind im Trennungsschmerz.
- **Finden Sie Worte.** Ihr Kind spürt, wie es Ihnen geht, selbst wenn Sie versuchen, Gefühle zu verbergen. Finden Sie Worte für das, was Sie und Ihr Kind erleben, und zeigen Sie so, dass Sie große Gefühle haben, diese kennen und dass Sie damit umgehen können.
- **Seien Sie nachsichtig.** Jetzt ist die Zeit für Zuwendung und Trost – und nicht für erzieherisches Durchgreifen. Wenn Ihr Kind gerade nicht allein schlafen kann, liegt das an der momentanen Belastung. Verwechseln Sie »nicht können« nicht mit »nicht wollen«.
- **Trösten Sie.** Erinnern Sie sich daran, was Ihrem Kind bisher auch bei jedem anderen Trennungsschmerz geholfen hat. Tröstliches wie Geschichten, die geliebte Kuscheldecke, Lieblingsmusik oder das Nachtlicht, das abends leuchtet ...

Wie Kinder im Kindergartenalter Tod und Trauer erleben

In diesem Alter ist die Welt voller Magie und unverständlicher Zusammenhänge. Alle Dinge haben einen Willen, ein Wesen. Kinder können jetzt den Unterschied zwischen Lebewesen und unbelebten Gegenständen noch nicht voll erfassen: Der Teddy ist lieb und ein echter Freund, das Stuhlbein, an dem sie sich stoßen, ist böse.

Auch eine klare Unterscheidung zwischen Erinnerung, Wunsch, Fantasie, Gefühl, Gedanke und Körperempfindung gelingt noch nicht. Alles hängt mit allem zusammen, alles ist möglich. Das heißt auch, dass ein Mensch, der tot ist, wiederkommen kann, dass Tod nur eine andere Form von Leben ist. Das Interesse an dem Thema wächst, Kinder erforschen jetzt alle möglichen Zusammenhänge, fragen nach dem Warum und haben eine große Neugier auf die Welt. Sie **experimentieren** daher auch mit den Begriffen Tod und Sterben.

Das kann beispielsweise so aussehen, wie die Erzieherin des fünfjährigen Jannik berichtet: »Als ich im Morgenkreis sagte, dass meine Kollegin Mira heute nicht kommt, sagte Jannik: ›Die ist bestimmt tot.‹ Als ich erklärte, dass sie nur eine Erkältung habe, antwortete er: ›Ja, oder sie ist tot.‹«

Oft existieren in der Vorstellungswelt der Kinder auch **»Parallel-Wahrheiten«,** das bedeutet, die Kinder erzählen etwas und im selben Moment zeigen sie, dass sie daran glauben, dass daneben eine ganz andere Realität stattfindet und dass diese zwei Wahrheiten in keinerlei Widerspruch zueinander stehen.

So erzählt der kleine Luis (3) über den Tod seines Papas: »Dann ist Papa gesterbt und dann ist er in eine Kiste gelegt und dann kommt er nach Hause.«

Kinder in dieser Altersgruppe erleben **intensive Trauergefühle,** die sich variantenreich ausdrücken können. So äußern sie sich vielleicht in Konzentrationsschwierigkeiten, in einem veränderten Interesse an Freunden und Aktivitäten, je nach Temperament auch darin, dass es schwerfällt, Ruhe zu finden und auszuhalten, oder darin, dass alles schnell zu viel wird. Viele Kinder zeigen jetzt **Trennungsangst** und einen verstärkten Wunsch nach Verbindung mit den Bezugspersonen. So erzählt die Mama der fünfjährigen Elsie: »Sie klebt förmlich an mir. Das darf ich gar nicht erzählen, aber wenn ich dusche, sitzt sie die ganze Zeit auf der Duschmatte und passt auf, dass ich nicht verschwinde.«

Manche Kinder zeigen auch ein Verhalten, das sie als jüngere Kinder hatten. Sie können zum Beispiel nicht mehr im eigenen Bett schlafen, obwohl sie das bisher taten, oder verlieren die Sicherheit in Fähigkeiten, die sie bereits gemeistert hatten. Sie gehen in bestimmten Bereichen **eine Entwicklungsstufe zurück.** Wie die Tante des kleinen Markus (5) nach dem Tod von Markus' Mama erzählt: »Er musste so weinen und dann schaut er mich an und sagt: ›Tini, ich glaube, ein Fläschchen würde helfen.‹ Da hab ich ganz schön geschaut!«

Andere Kinder haben **Befürchtungen,** dass sie in irgendeiner Form schuld sind, dass der Tod damit zu tun hat, dass sie etwas getan oder nicht getan haben. Das kann zu Schuldgefühlen führen, aber auch dazu, dass ein Kind bestimmte Dinge tut oder lässt, um zu vermeiden, dass nochmals etwas Schlimmes passiert.

Was jetzt helfen kann:

- **Schenken Sie Ihrem Kind körperliche Zuwendung.** Gehalten werden bedeutet für kleine Kinder oft tatsächlich mehr als nur Körperkontakt: Es bedeutet auch, Verbindung zu spüren. Einen Menschen zu haben, der stärker ist als ich selbst und der mich hält.
- Kinder brauchen ausreichende **Pausen vom Traurigsein,** immer wieder auch Ablenkung und Entspannung. **Das muss in diesem Alter von den Großen ausgehen,** Kleine können das noch nicht selbst gestalten.
- **Beziehen Sie Bezugspersonen und Ansprechpartner im Kindergarten ein.** Alle Großen im Umfeld des Kindes sollten Bescheid wissen und miteinander abstimmen, welcher Umgang mit der Trauer für das Kind hilfreich ist.

- Lassen Sie sich nicht irritieren, **wenn der Tod und das Zurückkehren des Verstorbenen in der Vorstellung des Kindes kein Widerspruch sind.** Das heißt nicht, dass das Kind nicht emotional erfasst, wie schmerzhaft der Verlust ist. Bestätigen Sie jedoch nicht, dass Papa tatsächlich bald wiederkommt. Oft genügt es, etwas zu sagen wie: »Das wäre schön, nicht wahr?« und kurz das Bild zu wiederholen, das Sie Ihrem Kind vermittelt haben, zum Beispiel, wo Papas Seele jetzt ist (siehe Seite 80 ff.).
- **Reagieren Sie gelassen, wenn der Begriff »tot« ausprobiert wird.** Tot und »weg« hat noch eine nahezu identische Bedeutung, der Unterschied wird erforscht und erprobt. Korrigieren Sie falsche Annahmen Ihres Kindes liebevoll, mit einer Haltung, die Sie auch bei jedem anderen Thema zeigen würden, das Ihr Kind fasziniert.
- **Ermutigen Sie Ihr Kind, Fragen zu stellen.** Im Gespräch können wir in Kontakt kommen mit den Bildern und Vorstellungswelten, in denen unsere Kinder leben. Haben Sie keine Angst, eine Antwort schuldig zu bleiben. Kinder schätzen es, wenn Erwachsene sich für ihre Fragen interessieren, auch wenn die Großen nicht sofort eine Antwort wissen. »Das ist eine wichtige Frage, ich muss erst darüber nachdenken«, ist durchaus eine gute erste Antwort.
- **Achten Sie auf Klarheit.** In diesem Alter laufen Kinder häufig Gefahr, Schlaf und Tod zu verwechseln. Nennen Sie den Tod beim Namen und erklären Sie den Unterschied zum Schlaf, wenn es zu Verwechslungen kommt (siehe Seite 80 ff.).
- **Zeigen Sie Zusammenhänge auf.** Aus Unsicherheit können Ängste entstehen. So entwickeln manche Kinder nach einem durch Krankheit eingetretenen Tod Angst, weil sie den Zusammenhang zwischen Krankheit und Tod nicht verstehen. Gespräche über Krankheiten und ob sie ansteckend sind, über Medizin und wo sie helfen

kann und über die Frage, ob jemand daran schuld ist, wenn ein anderer krank wird, können Sicherheit schaffen.

- **Seien Sie Leuchtturm und sicherer Hafen:** Stehen Sie im Umgang mit schmerzhaften Gefühlen als Vorbild zur Verfügung. Vermitteln Sie Ihrem Kind, dass es in Ordnung ist, große Gefühle zu haben und dass Sie mit ihnen umgehen können. **Benennen Sie Gefühle, die Sie bei Ihrem Kind wahrnehmen, und vermitteln Sie, dass diese normal und gesund sind.** Forcieren Sie keine Gefühlsäußerungen bei Ihrem Kind, sondern verhalten Sie sich entsprechend der Aktionen und Reaktionen, die Ihr Kind zeigt.
- **Geben Sie Ihrem Kind Zeit.** Machen Sie sich keine Sorgen, wenn Ihr Kind vorübergehend wirkt, als sei es wieder viel jünger, plötzlich einen scheinbaren Rückschritt macht und bereits erlernte Fähigkeiten nicht mehr sicher zeigt, wenn es zum Beispiel nicht mehr allein schläft. Der Grund dafür ist gut nachvollziehbar: Die kindliche Psyche geht einen Schritt zurück auf eine ältere, sicherere Entwicklungsstufe und setzt so Kraft für die Verarbeitung frei. Das ist kein Zeichen für einen echten Entwicklungsrückschritt. Mit fortschreitendem Durchleben der Belastung wird Ihr Kind wieder zu seiner tief verwurzelten Entwicklungskraft zurückfinden.

Vorstellungen vom Tod bei jüngeren Schulkindern

Wenn Kinder in die Schule kommen, entwickeln sie nach und nach einige wichtige Fähigkeiten: Sie können jetzt relativ sicher zwischen Fantasie und Realität unterscheiden und wissen, dass Tod und Leben zwei völlig unterschiedliche Zustände sind. So erfassen sie allmählich Konzepte von Endgültigkeit und Unwiderruflichkeit.

Im Grundschulalter haben viele Kinder nach wie vor ein großes und zum Teil recht **technisches Interesse** an den Themen Tod, Sterben und am »Danach«. Sie verstehen Tabus oder Konventionen zum Thema aus sich heraus noch nicht und fragen recht offen, was sie interessiert. Die Kinder denken über Widersprüche nach und setzen sich kritisch mit den Informationen auseinander, die sie bekommen. Sie beschäftigen sich mit der Tatsache, dass es innere und äußere Ursachen für den Tod geben kann, und versuchen, diese abzuschätzen und einzuordnen. So fragt der kleine Simon (8) seine Mutter zum Tod einer Freundin skeptisch:

»Erst sagst du, die Evi ist tot, dann sagst du, sie liegt in dem Sarg. Jetzt entscheide dich mal!«

Endgültigkeit zu begreifen, kann intensiven Schmerz auslösen. Aus dem Begreifen, dass der geliebte Mensch für immer fort sein wird, entsteht unter Umständen eine verstärkte Auseinandersetzung mit Fragen zum Zusammenhang zwischen Körper und Seele. Viele Kinder haben auch ein starkes Bedürfnis, den Verstorbenen in irgendeiner Form zu »verorten«, zu wissen, wo er jetzt ist, wie es ihm geht …

Die Erkenntnis, dass **alle Lebewesen sterben** können und werden, kann beängstigend sein. Denn wenn alle Menschen sterben können, betrifft das auch Mama und Papa, letztlich sogar mich selbst. Dieser Gedanke kann die Beschäftigung mit der Frage auslösen, was passiert, wenn noch jemand oder eine bestimmte Person stirbt.

Dass Kinder hier ehrliche Antworten brauchen, zeigt die Aussage der zehnjährigen Sophie, die nach dem Tod ihres Vaters mit der Mutter gesprochen hatte: »Ich wollte wissen, ob sie auch sterben kann, und da hat sie versprochen, dass sie nicht stirbt. Und ich hab gedacht: Ja, ja …«

Die Erarbeitung dieser neuen Erkenntnisstufen ist kraftaufwendig und komplex. Dabei schwanken Kinder häufig noch **zwischen Begreifen und der Hoffnung,** dass der Tod doch nicht endgültig sein möge. Sie sind hin- und hergerissen zwischen Klarheit und der Unsicherheit, ob der kleine Bruder nicht doch im Sarg frieren könnte, sie denken noch immer zum Teil magisch. Wie etwa der siebenjährige Evan, der nach dem Tod seiner Schwester meint: »Wir könnten doch nur vorsichtshalber in zwei Jahren nochmal nachschauen, ob der Sarg noch groß genug ist. Ich weiß ja, dass man nicht mehr wächst, wenn man tot ist … nur vorsichtshalber.«

Die **Ausdrucksmöglichkeiten** der Trauer sind bei Kindern im Schulalter vielfältig. Sie zeigen sich im Spiel, in Bildern, im Austausch mit Gleichaltrigen und Älteren. Abhängig von den Erfahrungen, die Kinder dabei machen, kann dies zu viel Offenheit, aber auch zu Verschlossenheit bis hin zum Verheimlichen des Themas führen. Die achtjährige Lucy setzt sich nach dem Tod ihres Vaters in ihrem Bild intensiv mit dem Thema Familie auseinander. Die Hasen in ihrer Zeichnung veranstalten ein Familienfest, bei dem ein Abschied gefeiert wird.

Trennungsängste, das zeitweilige Leugnen des Verlustes, Flucht in die Fantasie oder das Zeigen »jüngeren Verhaltens« reichen auch noch in diese Altersstufe hinein.

»Hasenbeerdigung«, Lucy, 8 Jahre

Was jetzt helfen kann:

- **Bereiten Sie Ihr Kind auf Reaktionen anderer vor.** Erklären Sie, dass manche Menschen es sehr schwer finden, über diese Themen zu sprechen, es nicht mögen, darüber nachzudenken, oder sich nicht gut damit auskennen.
- **Informieren Sie Ansprechpartner in der Schule und weitere Bezugspersonen.** Beziehen Sie Lehrer und Erzieher Ihres Kindes ebenso ein wie Trainer oder Menschen im Bekanntenkreis, zu denen Ihr Kind regelmäßigen Kontakt hat.
- **Zeigen Sie Verständnis für Leistungseinbrüche.** Es ist normal, dass Ihr Kind in dieser Zeit nicht wie sonst lernen oder sich konzentrieren kann. Der Kopf muss gerade etwas anderes lernen.
- **Reagieren Sie auf das, was Ihr Kind braucht.** Bekunden Sie, soweit es Ihnen möglich ist, Offenheit für das Interesse am Thema Tod und helfen Sie Ihrem Kind mit Antworten auf seine Fragen bei der notwendigen Orientierung. Versuchen Sie dabei immer wieder, wirklich **auf die gestellten Fragen zu antworten** und Gespräche nicht selbst in Richtung Trauer oder Schmerz zu lenken, wenn das gerade nicht das Thema Ihres Kindes ist. Sachliche Fragen dürfen sachlich beantwortet werden.
- **Trauen Sie sich, auch schwierige Fragen zu hören.** Wenn Sie sehr unsicher werden, würdigen Sie die Frage und vereinbaren Sie Bedenkzeit. Wenn Ihr Kind Sie fragt, ob Sie auch sterben können, versprechen Sie nicht das Unmögliche. Versprechen Sie lieber, sehr gut auf sich aufzupassen. Überlegen Sie gemeinsam mit Ihrem Kind, wer im schlimmsten Fall auf es aufpassen würde, wo es leben könnte, wer sofort da wäre ...

- **Seien Sie wach für Anzeichen von Schuldgefühlen.** Es kann Kindern guttun zu hören, dass »Kinder manchmal denken, dass sie etwas damit zu tun haben, dass jemand krank geworden oder sogar gestorben ist. Aber niemand stirbt, weil jemand anders auf ihn sauer war.«
- **Geben Sie Ihrem Kind die Chance, einen guten äußeren und inneren Ort für den Verstorbenen zu finden.** Besonders wenn Kinder begreifen, dass der Verstorbene für immer weg sein wird, kann die Vorstellung eines wunderbaren Ortes, an dem es keine Krankheit, keine Schmerzen, viel Versorgung und alles zum Wohlfühlen gibt und an dem der Verstorbene bleiben kann, sehr wichtig sein (siehe dazu auch Seite 176 ff.).

Wie ältere Schulkinder und Jugendliche Trauer erleben und ausdrücken

Die Unterscheidung zwischen Fantasie und Realität, die Zusammenhänge zwischen Ursache und Wirkung und übergeordnete Konzepte wie Unwiderruflichkeit sowie die Erkenntnis, dass alle Lebewesen sterblich sind – all das ist jungen Menschen ab dem frühen Jugendalter klar.

Das bedeutet auch, dass die Flucht in ein Nicht-wahrhaben-Wollen als Antwort auf Schmerz nicht mehr im gleichen Maß funktioniert oder überhaupt zur Verfügung steht, wie das bei jüngeren Kindern der Fall ist. Wahrheiten schließen sich nun gegenseitig aus, der Tod ist nicht mehr nur eine andere Form von Leben, ein Mensch kann nicht gleichzeitig tot sein und wieder nach Hause kommen.

Das Thema Tod erhält eine neue Unausweichlichkeit und Dichte – und wird damit auch auf eine andere Art bedrohlich. Das kann dazu führen, dass ältere Kinder und Jugendliche in tiefen Kontakt zu diesem Thema treten und eine intensive Auseinandersetzung erleben. Oder aber sie versuchen, Gefühle zu überspielen, indem sie sich betont cool oder flapsig geben. Die 16-jährige Feline drückt nach ihrem Verlust mit ihrem Bild berührend sowohl den Schmerz als auch ihre Hoffnung aus und schreibt dazu: »Ich habe die Nacht gemalt, denn jeder, der jemand Geliebten verliert, wird von Trauer und Leid überrollt. Vielleicht denkt man zuerst, dass die eigene Welt ab jetzt dunkel ist … aber so ist es nicht. Die Nacht ist nichts Schlechtes, das zeige ich auch in meinem Bild. Es wird jeden Tag hell und wieder dunkel und genauso funktioniert das Leben … Eine ganz wichtige Sache, die ich auch erst nicht begriffen habe, ist, dass es vollkommen in Ordnung ist, dass deine Nacht länger als zwölf Stunden dauert. … In meinem Bild ist die trauernde Person der schwarze Baum. Ich hätte auch ein komplett schwarzes Bild machen können, aber die Nacht ist nicht komplett dunkel! Es ist immer auch hell, mal mehr und mal weniger. Nachts ist das Licht einfach nur sehr schwach, aber nicht weg.«

»Bild mit schwarzem Baum und Mond in der lila Nacht«, Feline, 16 Jahre

Das Begreifen des Todes geht häufig auch damit einher, dass sich Jugendliche mit der Möglichkeit des eigenen Todes auseinandersetzen. Unendlichkeit, Unsterblichkeit, ewige Liebe – das sind die Themen, die Jugendliche tief berühren und bewegen. Das kann zu **Fantasien über den eigenen Tod** führen oder auch zu dem Wunsch, ebenfalls zu sterben.

Je älter Kinder und Jugendliche sind, desto ähnlicher sind ihre Trauergefühle und -ausdrücke denen von Erwachsenen. Zusätzlich haben sie jedoch damit zu kämpfen, dass die gesamte Jugendzeit ohnehin von viel Instabilität, Wandel, Gefühlschaos und **Stimmungsschwankungen** geprägt ist. Die neue Belastung kommt also zu diesen ohnehin gerade zu bewältigenden und tief greifenden Wandlungsprozessen hinzu. Eine doppelte Herausforderung.

Die **Gruppe der Gleichaltrigen** hat für Jugendliche eine hohe Bedeutung. Viele wählen eher enge Freunde, um sich zu öffnen und Intimes zu besprechen, als ihre Eltern. Es ist für Erwachsene nicht immer einfach, damit umzugehen, dass Auseinandersetzung und weite Teile der Stabilisierung außerhalb der Familie stattfinden.

Der **Körper** spielt in dieser Zeit eine große Rolle und reagiert unter Umständen mit Schmerz, Übelkeit, Kopfweh, anhaltender Müdigkeit oder Kreislaufproblemen. Die Gefahr, dass Jugendliche zu berauschenden oder betäubenden Substanzen greifen, ihr Essverhalten ändern oder sich selbst verletzen, ist in diesem Alter groß.

Manche Jugendliche tauchen heute in schwierigen Zeiten auch in **virtuelle Welten** ab. Manche widmen sich exzessiv diversen Computerspielen, andere verbringen viel Zeit in Internetforen, die mehr oder weniger hilfreichen Austausch zu verschiedenen Themen anbieten.

Was jetzt helfen kann:

- **Verwechseln Sie Coolness nicht mit Abgebrühtheit.** Sie verschleiert oft eine große Verletzlichkeit, die daraus entsteht, dass Verlust schonungslos begriffen und empfunden wird. Lassen Sie Ihrem Jugendlichen diesen Schutzraum und signalisieren Sie Verständnis, ohne ihn bloßzustellen. Das kann auch im Gespräch mit Lehrkräften oder Betreuungspersonal von Bedeutung sein, denn auch gegenüber diesen Menschen wirken Jugendliche oft weniger belastet, als sie sind.
- **Akzeptieren Sie, dass Ihr Jugendlicher selbst wählt, wer ihm momentan guttut.** Es kann schmerzen, wenn Sie als Elternteil diese Rolle für Ihren Jugendlichen gerade nicht übernehmen können, vor allem, wenn Sie die Überzeugung in sich tragen, dass manche Themen vor allem in die Familie gehören, und Sie gern für Ihr Kind da wären. Die **Jugendzeit ist auch die Zeit der Abgrenzung von den Eltern.** Manchmal sind Freunde oder ein außenstehender Erwachsener für Jugendliche leichter zu akzeptieren.
- **Signalisieren Sie Bereitschaft, jederzeit da zu sein,** und sagen Sie deutlich, dass es Ihnen vor allem darum geht, dass Ihr Kind nicht allein mit der Situation umgehen muss. Stellen Sie den Wunsch nach unterstützenden und haltgebenden Menschen an der Seite Ihres Kindes über die Frage, ob Sie dieser Mensch sind.
- **Machen Sie Ihrem Kind keine Vorwürfe.** Verinnerlichen Sie, dass nicht alle Lösungsversuche junger Menschen immer zielführend oder erfolgversprechend sind. Hilfreicher als das Androhen von Strafe oder die Betonung, das schon im Vorfeld gewusst zu haben, ist **Fehlerfreundlichkeit und Offenheit.** Machen Sie deutlich, dass Sie auch dann da sind, wenn etwas schiefgeht, nicht hilft oder sich als Sackgasse erweist.

- **Hören Sie Warnsignale:** Nehmen Sie Andeutungen Ihres Kindes zu seinem eigenen Tod, Wünsche wie »es möge alles zu Ende sein« oder Äußerungen, dass »alles keinen Sinn mehr hat« ernst. Trauen Sie sich, mit Ihrem Kind darüber zu sprechen, und holen Sie sich Hilfe bei der Einschätzung der Situation, um Ihr Kind gut unterstützen zu können (für Adressen und Anlaufstellen siehe Seite 189 ff.).

Traueraufgaben für Kinder

Die Aufgabe, die Tod, Abschied und Trauer Menschen jeden Alters stellen, ist groß und unter Umständen auch immer wieder überwältigend. Den Verlust überhaupt – und vielleicht zu Beginn immer nur für einen kurzen Moment – zu begreifen und die Gefühle auszuhalten, die damit verbunden sind, allein das ist schon gewaltig. Dann auch noch mit der Veränderung zu leben, also weiterhin einen Fuß vor den anderen zu setzen, weiterzugehen, das verlangt viel Kraft. Die Verbindung zum Verstorbenen umzubauen, eine andere Art der Beziehung zu finden, stellt eine weitere Aufgabe dar.

Menschliche Bindung und damit auch der Verlust eines geliebten Menschen ist für Kinder von einer lebensbestimmenden Tiefe, sie stehen in dieser Situation deshalb vor einer besonders großen Aufgabe. Insbesondere, wenn es um den Verlust von engen Schutz-, Bezugs- oder Vorbildpersonen geht. Kinder haben neben der Trauer immer auch noch die Aufgabe zu bewältigen, ihre ganz normalen Entwicklungsschritte fortzusetzen und das Thema Tod auf jeder neuen Entwicklungsstufe wieder in ihr Leben und ihre Gefühlswelt zu integrieren.

Da Kinder beim Aushalten und beim Zeigen von Gefühlen viel

abhängiger von anderen Menschen sind als wir Erwachsenen, brauchen sie nicht nur Raum und Offenheit für ihre Trauer, sondern auch Vorbilder. Sie brauchen Bezugspersonen, die Orientierung geben und mit ihnen in Verbindung sind. Erwachsene, die vorleben, wie man mit Trauer umgeht, und die zulassen, dass ein Kind seine eigenen Wege im Umgang mit der Trauer entwickelt. Die Kleinen brauchen jetzt »Große«, wie wir die Erwachsenen in diesem Prozess nennen, die ihnen die Chance geben, dass Trauer als gesunder Teil der eigenen Biografie mitwachsen und sich entwickeln darf. In Begleitung ihrer Großen können die Kleinen ihre Traueraufgaben durchleben.

Wir definieren diese Aufgaben angelehnt an die Aussagen von J. William Worden, einem amerikanischen Psychologen und Trauerforscher. Er geht davon aus, dass ein Mensch folgenden Traueraufgaben gegenübersteht:

- den Verlust zu begreifen
- die damit verbundenen Gefühle auszuhalten
- das Weiterleben ohne den Verstorbenen zu schaffen
- einen neuen Ort für den Verstorbenen im eigenen Leben zu finden, eine neue Art der Beziehung zu definieren

Wichtig ist uns, auch hier noch einmal zu sagen: In unserem Verständnis sind diese Themen nicht irgendwann »einfach erledigt«. Es geht also nicht darum, sie hinter sich zu bringen und dann ist die Verarbeitung abgeschlossen. Sie können und dürfen Teil der Biografie bleiben. Sie stehen dabei manchmal eine Zeit lang ganz stark im Vordergrund des Lebens – und manchmal geraten sie in den Hintergrund, weil andere Aufgaben und Themen im Leben des Kindes gerade mehr Raum brauchen. Mit den Traueraufgaben verhält es sich ebenso wie mit anderen Entwicklungsaufgaben im Leben von Kindern auch: mal sind sie präsenter, mal nicht, mal ganz aktuell, mal fließen sie ruhig nebenher.

Traueraufgabe: Den Verlust als Realität akzeptieren

> *»Das ist schon krass, wenn man dann merkt: Das ist wirklich passiert und zwar mir.«*
>
> LUKAS, 14 JAHRE

Begreifen ist ein schrittweiser Prozess. Dieser schwankt zwischen »Das ist nicht wahr!« und »Oh nein, es ist wirklich wahr!«. Wissen und Begreifen sind dabei nicht dasselbe. Es kann durchaus sein, dass Kinder zwar wissen, dass ein geliebter Mensch gestorben ist, das Begreifen mit all seinem Schmerz gleichzeitig jedoch nur momentweise auftritt.

Die 13-jährige Lena beschreibt es nach dem Verlust ihres Bruders so: »Es ist wie ein Haus, in dem wir alle neu sind. Da gibt es viele Räume und ich weiß, dass das Haus ›Maximilian ist gestorben‹ heißt. Ich lauf da so rum und mache halt so das, was alle machen. Und plötzlich – und ich weiß gar nicht immer, warum – steht auf jeder Wand und auf jedem Fenster und auf jedem Möbelstück ›MAX IST TOT‹, als würde mich alles anschreien. Dann ist es auch schon wieder vorbei, aber ganz kurz habe ich begriffen, wo ich da eigentlich bin.«

Für manche Kinder ist dieser Schmerz so überwältigend, dass er mit aller Kraft abgewehrt werden muss. Das geschieht durch Weigerung oder Verdrängung. Abhängig vom Alter kann es sein, dass ein Kind Gespräche über den Verstorbenen »verbietet« oder vor jeder Auseinandersetzung oder Konfrontation mit dem Thema flieht. Manche Kinder verhalten sich auch betont normal oder besonders brav und angepasst, um ihren Bezugspersonen keine zusätzliche Belastung zu sein.

Verdrängen und Abwehren kostet viel Kraft. Irgendwann geht diese Kraft zur Neige. Dann bahnt sich die Realität des Verlustes ihren Weg und aus einem schmerzhaften Moment des Erkennens und dem nächsten und dem wieder nächsten entsteht allmählich Realisierung.

Welche Unterstützung brauchen die Kleinen hierbei von den Großen?

- **Lassen Sie Ihr Kind Schritt für Schritt zur Realität kommen.** Geben Sie ihm die Möglichkeit, Momente und Schritte des Realisierens miterleben und spüren zu dürfen. Dazu gehören die Eindeutigkeit in Formulierungen und das klare Benennen des Todes.
- **Lassen Sie Ihr Kind Abschied nehmen.** Ganz wichtig für das Erkennen und Begreifen ist es, dass ein Kind am Abschied vom Verstorbenen und an der Beerdigung teilnehmen kann.
- **Benennen Sie den Schmerz, um ihn zu normalisieren.** Reden Sie mit Ihrem Kind und bestätigen Sie ihm, dass die Momente des Erkennens schmerzhaft sind und dass dieser Schmerz zum Abschied dazugehört. Erklären Sie, dass es Ihnen nicht anders geht und dass diese Gefühlswellen Teil der Liebe zum Verstorbenen sind.
- **Sorgen Sie für Pausen.** Geben Sie Ihrem Kind einen sicheren Rahmen und die Möglichkeit, auch wieder aus dem Schmerz herauszugehen, eine Pause zu machen, sich abzulenken (siehe dazu »Das Ruderboot«, Seite 165 ff.).
- **Agieren Sie altersgerecht und individuell.** Vergegenwärtigen Sie sich den Entwicklungsstand, den Ihr Kind bezogen auf das Thema Tod und Trauer hat. Hier spielt nicht nur das Alter des Kindes eine Rolle, sondern auch die Frage, was es in seinem bisherigen Leben schon über den Tod lernen konnte.
- **Erzwingen Sie das Realisieren nicht.** Wenn ein Kind Pausen von der Wirklichkeit macht und ihr ausweicht, so versucht es, sich zu schützen. Das ist vielleicht keine Dauerlösung, doch wichtig ist: Wir dürfen Kindern das Floß, auf dem sie treiben, nicht nehmen, wenn wir noch kein Boot für sie gebaut haben. Bleiben Sie offen und klar,

wenn Sie mit Ihrem Kind über Sterben und Tod sprechen, aber achten Sie darauf, dass Sie dabei auf Ihr Kind reagieren und es nicht durch erzwungene Gespräche vor sich hertreiben. Zu gegebener Zeit wird es den nächsten Schritt tun können.

Traueraufgabe: Gefühle zulassen und aushalten

»Es tut sogar mehr weh als die Operation, als ich fünf war, und die war richtig schlimm.«

JANA, 7 JAHRE

Verlust verursacht Schmerz, emotional und vielfach auch körperlich. Je nachdem wer gestorben ist, wie eng oder lose, wie harmonisch oder verstrickt die Beziehung zu diesem Menschen war und auch abhängig von den Todesumständen, ist die Ausprägung dieses Verlustschmerzes und auch die Art, wie dieser Schmerz erlebt wird, sehr individuell. Dass der Verlust eines nahen Menschen gänzlich ohne Schmerz erfahren werden kann, ist jedoch nicht anzunehmen. Die scheinbare völlige Abwesenheit von Schmerz spricht vielfach eher für die große Überwältigung durch schmerzhafte Empfindungen und Gefühle und eine daraus resultierende Empfindungslosigkeit. Wie es die elfjährige Eva nach dem Tod der geliebten Oma ausdrückt: »Manchmal denke ich, ich muss mich mal zwicken. Damit ich was merke, damit es wehtut. Denn das sollte es doch gerade, oder?«

Kinder erleben oft sehr unterschiedliche und sogar widersprüchliche Gefühle, die in ihrer Vielfalt fordernd und verwirrend sein können. Nicht nur Traurigkeit, Sehnsucht oder Einsamkeit, sondern auch Wut, Enttäuschung, Angst, Schuldgefühle, »Eingefrorensein«, Hilflosigkeit oder Resignation können auftreten, sich abwechseln oder völlig ineinander vermengt auftreten. Auch die intensive Liebe zum Verstorbenen, das Nachfühlen des Sterbens, tiefe Dankbarkeit und viele andere Gefühle und Empfindungen mehr können mit zu diesem Auf und Ab gehören.

Dieses Durcheinander und vor allem das Erleben derjenigen Gefühle, die ein Kind am liebsten nicht haben würde – wie Wut, Enttäuschung, Rachegefühle, Schuld –, können dazu führen, dass es eine tiefe emotionale Zerrissenheit spürt. Kinder erleben sich selbst unter Umständen so anders als sonst, so hilflos, dass manche sogar **Angst haben, verrückt zu werden.** Dazu kommt, dass die meisten Kinder große Gefühle viel stärker über ihr Verhalten ausdrücken, als sie in Worte zu fassen.

Vor allem **aggressive Gefühle** wie etwa die Wut darüber, dass man sich im Stich gelassen fühlt, Schuldzuweisungen und sogar Hass sind für ein Kind schwer auszuhalten. Solche Gefühle werden obendrein auch durch Situationen ausgelöst, die mit dem Verlust gar nichts zu tun haben. Diese Gefühle können zu Handlungen führen, die sich vor allem bei jüngeren Kindern gegen sich selbst oder andere richten oder darin enden, dass Dinge zu Bruch gehen. Nach der Entladung kommen meist die dahinterliegenden Gefühle zum Vorschein, oft sind das Verzweiflung und Sehnsucht, Hoffnungslosigkeit und Trauer.

Neben diesen nach außen gerichteten Gefühlen wirken andere eher nach innen. Das kann sich als trauriger Rückzug in sich selbst oder durch ein hoffnungsloses Selbst- und Weltbild ausdrücken.

Welche Unterstützung brauchen die Kleinen hierbei von den Großen?

- **Stehen Sie als Vorbild zur Verfügung.** Erlauben Sie Ihrem Kind zu erleben, dass auch Sie große Gefühle haben und mit ihnen umgehen können. Vermitteln Sie dem Kind die Sicherheit, dass es viele, oft auch heftige und ganz unterschiedliche Gefühle erleben und zeigen darf. Vermitteln Sie Ihrem Kind die Sicherheit, dass sein Erleben unter Umständen heftig, aber nicht gefährlich ist, dass Gefühle in Wellen kommen und sich dann auch wieder abschwächen.
- **Halten Sie auch schwierigen Gefühlen stand.** Vergegenwärtigen Sie sich selbst immer wieder, dass auch schwierige Gefühle einen Platz brauchen und erlaubt sein müssen. Natürlich ist die Vorstellung einfacher, ein trauriges oder weinendes Kind zu trösten, als mit Provokation, Zorn oder offener Aggressivität umgehen zu müssen. Bereiten Sie sich deshalb innerlich auf die Möglichkeit vor, dass Ihr Kind seine Trauer auch ganz anders ausdrückt, als Sie es erwartet haben. Geben Sie einen klaren Rahmen – auch für heftige Gefühlslagen. Das könnte beispielsweise so aussehen, dass Sie Ihrem Kind signalisieren, dass es auch schmerzhafte, laute oder heftige Gefühle ausdrücken darf, gleichzeitig aber klare Grenzen für diesen Ausdruck setzen: »Ich kann sehen, wie wütend du gerade bist. Das ist völlig in Ordnung, ich lasse dir deine Wut. Ich bleibe aber in deiner Nähe, damit du nicht allein mit ihr bist und dir nicht wehtust.«
- **Finden Sie Worte für das, was passiert.** Sprechen Sie dabei das Gefühl an, das Ihr Kind zeigt, und nicht das, welches Sie hinter seinem Verhalten vermuten. Sagen Sie zum Beispiel »Ich kann deutlich sehen, wie wütend du gerade bist«, anstatt »Eigentlich bist du gerade nur so wütend, weil du so hilflos und traurig bist.«

- **Erklären und erziehen Sie nicht** in Situationen, in denen große Gefühle den Kopf ausgeschaltet haben. Ein bitterlich weinendes oder zornig tobendes Kind wird Erklärungen oder Ermahnungen nicht hören und nicht verarbeiten können. Noch dazu ist eine Ausnahmezeit wie die nach einem schmerzhaften Verlust nicht die richtige Zeit für Erziehungsarbeit. Regeln sollen in dieser Zeit vor allem als sicherer Rahmen, als Orientierungshilfe dienen. Äußerungen schmerzhafter Gefühle zu bestrafen oder sich auf Machtkämpfe einzulassen mit einem Kind, das sich ohnehin bereits tief im Schmerz befindet, hat keine Aussicht auf Erfolg. Vielmehr wird den Kindern dann bestätigt, dass diese Gefühle nicht gezeigt werden dürfen und sie selbst von niemandem verstanden werden: Dadurch entwickeln Kinder womöglich ein negatives Selbstbild.
- **Bereiten Sie hilfreiche Lösungen vor.** Wenn die Köpfe wieder kühl sind, überlegen Sie, was beim nächsten Mal helfen kann.

Traueraufgabe: Mit dem Verlust umgehen

> *»Die Welt ohne Papa ist nicht mehr die Welt mit Papa, wird sie nie mehr sein …«*
>
> KAI, 12 JAHRE

Diese Traueraufgabe umfasst tief greifende Anpassung auf drei verschiedenen Ebenen. Zum einen stellen sich Kinder die Frage: »Was bedeutet dieser Verlust für mich, mein Selbstbild?« Zum anderen: »Wie gehe ich mit meinem veränderten Leben um?« Und zum Dritten: »Wie und wo bewahre ich dich?« Daneben stellen sich einem Kind viele weitere, oft auch unerwartete Fragen, wie etwa der zwölfjährige Jens nach dem Tod seines Papas beschreibt: »Es ist nicht nur die Frage, wer mich jetzt zur Schule bringt, sondern auch, ob man überhaupt noch ein Kind ist, wenn man keinen Vater mehr hat.«

In seinen Worten wird deutlich spürbar, dass Trauer immer **in Beziehung** passiert. Der Verlust wäre kein Verlust, wenn nicht eine Verbindung zwischen zwei Menschen bestünde. Eine Verbindung, die Bedeutung hat. Dafür, wie Kinder sich selbst, ihre Welt und Beziehungen verstehen. Alle drei Bereiche stehen in einer ständigen Wechselwirkung und das endet – so wie auch die Beziehung selbst – nicht durch den Tod.

Manche Kinder **idealisieren** in der Auseinandersetzung mit der Verlusterfahrung den Verstorbenen oder übernehmen manche seiner Verhaltensweisen oder Angewohnheiten. Der Hintergrund dafür ist, dass die Psyche sortiert, bewahrt, verwirft und den Verstorbenen im Selbst sucht. Diese Suche und das Erleben der Veränderungen sind **sehr anstrengend und kräftezehrend.** Viele Kinder und Jugendliche wirken dabei zurückgezogen, in sich gekehrt und erschöpft.

Welche Unterstützung brauchen die Kleinen hierbei von den Großen?

- **Signalisieren Sie Offenheit.** Viele Kinder sprechen gern über Ähnlichkeiten und Unterschiede zwischen sich und dem Verstorbenen. Reale Erinnerungen, vor allem auch positive, helfen dabei, ein gutes Orientierungsbild zu etablieren.
- **Bleiben Sie nachsichtig.** Machen Sie sich klar, dass es kleine Trauernde und auch Sie selbst Kraft kostet, ein neues Gleichgewicht zu finden. Seien Sie verständnisvoll, wenn gerade alles aus dem Tritt zu geraten scheint, und lassen Sie sich Zeit.

- **Sorgen Sie für Pausen.** Investieren Sie bewusst immer wieder in Auszeiten und all das, was Ihrem Kind und Ihnen hilft, den Akku ein wenig aufzuladen (siehe auch Kapitel Rituale, Das Ruderboot, Seite 165 ff.).

Traueraufgabe: Eine neue Verbindung leben

»Das ist schwer zu erklären, aber der Maxi ist nicht weg für mich. Tot ist er, das stimmt. Aber nicht weg.«

LEON, 11 JAHRE

Während früher viele Fachleute der Ansicht waren, dass die Aufgabe der Hinterbliebenen nach einem Todesfall im »emotionalen Rückzug von der verstorbenen Person« bestünde, hat sich diese Sicht gewandelt: Heute gewinnt ein anderer, unserer Meinung nach sehr viel heilsamerer Standpunkt mehr und mehr Bedeutung. Dabei geht es darum, die Bindung zum Verstorbenen zu verwandeln, um sie erhalten und bewahren zu dürfen.

Abschied und »Lassenmüssen« sind nur ein Teil der Trauer. Niemand sollte versuchen, anderen Menschen vorzuschreiben, dass man verstorbene geliebte Menschen nicht weiter lieben darf. Liebe ist wandelbar und eine neue Form der alten Liebe darf Teil des eigenen Wesens, des Lebens und der eigenen Kraft bleiben.

Die 13-jährige Juli beschreibt ihre Gefühle und ihre Verbindung zu ihrer verstorbenen Mutter so: »Es ist so, als würde mein Herz im Dunkeln nach der Mama greifen. Aber alle sagen ja, dass sie jetzt weg ist, und eigentlich weiß ich das auch. Nur mein Herz, das weiß das nicht. Dann habe ich es heimlich aber trotzdem gemacht, das mit dem Weiter-Liebhaben. Jetzt bin ich irgendwie mit meiner Mama, aber halt ohne sie. Das kann ich nicht besser erklären.«

Was Juli intuitiv spürt und macht, ist gesund und richtig. Es geht nicht ums Loslassen, sondern um das Wandeln der Beziehung. Dabei können Orte für den Verstorbenen im Außen sein, zum Beispiel auf dem Friedhof oder an einem Lieblingsplatz, oder im Innen eingerichtet werden (siehe auch Seite 176 ff.). Auch Erinnerungen können die eigene Verbindung zum Verstorbenen bewahren.

Wir erleben, dass viele Kinder ein natürliches Bedürfnis empfinden, die **Beziehung zum Verstorbenen** aufrechtzuerhalten. Sie erkennen, dass diese neue Beziehung anders sein muss als bisher, haben aber meist noch keine Erfahrung damit, wie das gehen kann und ob es in Ordnung ist, eine solche neue Beziehung zu gestalten.

Das ganz normale Leben weiterzuführen, die Alltagsbeziehungen weiterhin zu leben und zu pflegen und gleichzeitig diese **neue Art der Beziehung** zu entwickeln, kann herausfordernd sein. Manche Kinder und Jugendliche müssen sich eine Zeit lang auf die neue Beziehung zum

»Der himmlische Bote«, Kiran, 7 Jahre

Verstorbenen konzentrieren und wirken vielleicht sehr damit beschäftigt. Kiran, 7 Jahre alt, hat sich Gedanken darüber gemacht, wie er den Kontakt zu seinem toten Papa halten kann. In seiner Vorstellung bekommt er Unterstützung von einem gefiederten Helfer und schreibt zu seiner Skulptur: »Ich schreibe Botschaften, wie es meinem Vater im Himmel geht. Mein Adler bringt meinem Vater die Botschaften im Schnabel.«

Vor allem **Tage oder Zeiten mit besonderer Bedeutung** stellen die neue Verbindung auf die Probe. So sind Jahrestage, Geburtstage oder Weihnachten oft Zeiten, in denen noch mehr als sonst spürbar wird, was nach einem Tod alles fehlt (siehe dazu auch Seite 115 ff., 174 f.).

Welche Unterstützung brauchen die Kleinen hierbei von den Großen?

- **Bestätigen Sie Ihrem Kind, dass die Beziehung sein darf.** Vielen Kindern, aber auch Erwachsenen, tut es gut zu hören und zu spüren, dass der Verstorbene Teil des eigenen Lebens bleiben darf. Erlauben Sie sich selbst und Ihrem Kind, im Außen und im Innen gute Orte für Ihren Verstorbenen zu finden. Die gute Versorgung des Verstorbenen in der Vorstellung kann sehr tröstlich sein (siehe Seite 176 ff.).
- **Erlauben Sie Erinnerungen,** vor allem auch gute Erinnerungen, an die vergangene gemeinsame Zeit mit dem Verstorbenen (für Ideen dazu siehe Kapitel Rituale).
- **Erzwingen Sie keine Öffnung.** Gehen Sie lieber als gutes Beispiel voran, erzählen Sie behutsam von sich selbst und bieten Sie dadurch Anregungen. Für manche Kinder – aber vor allem für Jugendliche – sind innere Bilder sehr intim, vielleicht mit Unsicherheit oder Scham verbunden.

Wie sich Trauer für Kinder anfühlen kann und wie sie sich zeigt

Das Sterben und der Tod eines geliebten Menschen stellen Kinder vor große Entwicklungsaufgaben, die nur Schritt für Schritt bewältigt und ins Leben integriert werden können. Die Trauerreaktionen eines Kindes sind dabei oft nicht eins zu eins dem zuzuordnen, was sich in seinem Inneren abspielt. Die Trauer besteht sozusagen aus zwei Komponenten: Zum einen aus dem Gefühl im Innen, das durch einen Verlust ausgelöst wird. Zum anderen aus dem Ausdruck, den dieses Gefühl nach außen findet. Wobei auch das Nicht-Ausdrücken von Trauergefühlen eine Art des Ausdrucks ist und nicht fälschlich als das Fehlen von Trauergefühlen missverstanden werden sollte.

Wenn wir uns nun noch vergegenwärtigen, dass Kinder an uns, ihren erwachsenen Bezugspersonen, ablesen, welche Bedeutung ein Thema für ihr Leben hat, ob über bestimmte Dinge gesprochen werden kann oder nicht und wie gefährlich oder ungefährlich es ist, dann begreifen wir, dass es *das* kindliche Todesverständnis nicht geben kann.

Natürlich kann man ungefähr angeben, welches Todesverständnis jüngere oder ältere Kinder haben und welche Trauerreaktionen bei Kindern in einem bestimmten Alter häufiger vorkommen als andere. Dieses Wissen kann für Erwachsene, die Kinder und Jugendliche in der Trauer begleiten, hilfreich sein. Wichtig ist aber, dass nichts davon feststehend ist – Kinder trauern individuell. Jede Situation, in der Tod und Trauer ins Leben kommen, ist spezifisch und einzigartig. Jedes Kind ist ein Individuum, eine eigene, komplexe Persönlichkeit. Das immer im Hinterkopf zu behalten, ist vielleicht sogar noch hilfreicher für Sie in der Begleitung trauernder Kinder.

Es gibt einige gravierende Unterschiede in der Trauer von Kindern und Erwachsenen. Diese tragen auch dazu bei, dass es den Großen oft schwerfällt zu begreifen, wie stark Kinder gerade in der Trauer stecken, welche Bedürfnisse sie haben, was sie empfinden. Während viele erwachsene Menschen über einen längeren Zeitraum traurig sind, leben die meisten Kinder ihre unterschiedlichen Gefühle nebeneinander. So spontan die Trauer spürbar wird, so fröhlich können sie im nächsten Moment wieder sein und lachen. Dieser abrupte Wechsel verwirrt viele Erwachsene. Kinder fassen ihre Trauer auch nicht unbedingt in Worte oder zeigen sie durch Weinen, sondern durch andere Ausdrucksformen wie Spielen, Malen oder Schreien und Toben. Einige ziehen sich in sich zurück und schweigen, andere albern herum. Erwachsene haben dann mitunter den Eindruck, dass diese Kinder gar nicht trauern.

Es ist wichtig, dass wir als Eltern oder Bezugspersonen von Kindern uns nicht durch erste, oberflächliche Eindrücke täuschen lassen und voreilige Schlüsse ziehen. Menschen – ob klein oder groß – sind ganz unterschiedlich. Sie haben unterschiedliche Temperamente, unterschiedliche Vorerfahrungen, unterschiedliche Strategien, mit schmerzvollen Erfahrungen umzugehen. All dies und natürlich der jeweilige Entwicklungsstand bedingt mit, welchen Ausdruck die Trauer eines Menschen findet.

Manche Kinder wollen oder können nicht über ihre Trauergefühle sprechen. Einige Kinder weinen nicht, wenn sie trauern. Der Ausdruck der Trauer kann vielfältig sein und manchmal für Erwachsene schwer nachvollziehbar. Sie helfen Ihrem Kind, wenn Sie ihm Raum und Orientierung geben können und die Sicherheit, dass Sie als Bezugsperson bei ihm sind.

Welche Gefühle Trauer in einem Menschen auslöst, ist schon für Erwachsene oft verwirrend. Wie viel mehr gilt dies dann für Kinder, die noch wenig oder keine Erfahrung mit Trauer sammeln konnten. So schildern viele Kinder Trauergefühle, die sich »wie Heimweh« anfühlen. Viele empfinden Sinn- oder Hoffnungslosigkeit, Angst oder Überforderung, Wut oder auch Gefühle intensiver Liebe oder etwas »wie Dankbarkeit, aber mit Tränen«.

Wie die 13-jährige Leah es nach dem Tod ihres Papas ausdrückt: »So wie Suppe im Herzen, alles durcheinander. Gefühle-Suppe. Und eigentlich auch Gedanken-Suppe. So viel auf einmal zu fühlen, ist nicht schön und es tut ja eh schon so weh die ganze Zeit. Am liebsten würde ich nur noch schreien, aber das geht ja nicht. Deshalb bin ich meistens einfach still.«

In dieser Beschreibung wird deutlich und spürbar, dass zu Trauer viele verschiedene Gefühle im Innen und ein sehr individueller Ausdruck im Außen gehören. Wenn dieser Ausdruck nach außen nicht wahrnehmbar oder offensichtlich für uns ist, bedeutet das nicht, dass es im Innen keine Gefühle, keine Trauer gibt: Vielleicht ist der Ausdruck nur anders als erwartet? Oder er wird nur in bestimmten Situationen, in Gegenwart bestimmter Menschen gezeigt – oder nur, wenn das Kind ganz allein ist. Trauer kann sich ausdrücken in Worten. In Träumen. In Gedanken. Im Verhalten. Oder auch als körperliche Empfindung.

Selbst wenn Eltern glauben, dass ihr Kind den Tod gar nicht wahrgenommen oder nicht begriffen hat, bedeutet das nicht, dass das tatsächlich so ist.

Petra, die Mama des vierjährigen Maxi, erzählt zum Beispiel: »Maximilian spricht von seinem Papa, als sei er noch da. Ich glaube, er versteht nicht wirklich, was passiert ist. Das Einzige, was ich bemerke, ist, dass er ständig Bauchweh bekommt, wenn ich ihn in den Kindergarten bringen will oder weggehe.«

Kinder leben stärker in der Gegenwart als Erwachsene. Für das Empfinden und Ausdrücken von Trauergefühlen heißt das, dass sich Kinder zwischendurch auch immer wieder in trauerfreien Zeiten befinden. Entweder, weil die momentane Beschäftigung sie völlig ausfüllt, etwa, wenn sie in ein Spiel versunken sind. Oder aber, weil in der momentanen Situation der erlebte Verlust keine große Bedeutung hat. Wenn der Papa im Hort etwa nie dabei war, kann ein Kind hier vielleicht der Trauer für einige Stunden entfliehen. Nichts erinnert hier an den Verlust. Während beim Fußballtraining, zu dem Papa immer mitkam, das er miterlebte – und bei dem er nun eben nicht mehr am Rand steht, nie mehr am Rand stehen wird –, die Trauer plötzlich mit aller Wucht wieder da ist.

Das Ein- und Wiederauftauchen in die und aus den Trauergefühlen bedeutet also nicht, dass diese Gefühle zwischendurch weg sind, sondern, dass das Kind in bestimmten Situationen nicht mit ihnen in Kontakt ist, sie nicht spürbar sind. Man kann das als eine normale Funktion der kindlichen Psyche verstehen, die immer wieder kurze Trauerpausen schenkt, in denen Kinder und Jugendliche Kraft sammeln und durchatmen können. Geben Sie Ihrem Kind die Gewissheit, dass das in Ordnung ist. Geben Sie Ihrem Kind die Pausen und auch die Möglichkeit, einen Teil Normalität und Alltag beizubehalten. An den Abläufen im Alltag festzuhalten, gibt Kindern Struktur und Sicherheit. Dadurch erscheinen sie unter Umständen für die Erwachsenen weniger betroffen zu sein, auch wenn das nicht der Fall ist. Kinder erleben die Veränderung, die das Thema Tod mit sich bringt, tief und umfassend. Tiefer und umfassender vielleicht sogar als manche Erwachsene, deren Abhängigkeit vom Verstorbenen oder den anderen Hinterbliebenen weniger tief greifend und deren Persönlichkeitsentwicklung bereits abgeschlossen ist.

Wie getragen ein Kind diese Erfahrungen macht und wie es diese in seine Gefühls- und Erlebniswelt integriert, wie selbstverständlich es mit dem Thema in Zukunft umgehen kann und wie es mit der Trauererfahrung schließlich weiterlebt, hängt maßgeblich davon ab, was es mit und in seinen Bezugspersonen erlebt: Wie viel Verbindung und Orientierung es auf diesem neuen Boden erlebt, ob es auch in dieser neuen und schmerzhaften Situation von seinen Großen lernen darf.

Wie die Großen die Kleinen unterstützen können

In Zeiten von Verlust, Sterben, Tod und Trauer stehen Kinder großen Aufgaben gegenüber. Um diese zu bewältigen, brauchen sie die Unterstützung ihrer Großen, also der Erwachsenen um sich herum. Damit stehen in dieser Zeit auch Sie als Eltern oder Bezugspersonen vor riesigen Herausforderungen, noch dazu meist parallel zur eigenen Trauer. Folgende Aspekte sind jetzt wichtig, um Kinder zu unterstützen:

- **Die Großen sind Leuchtturm für die Kleinen.** Sie leben den Kindern vor, was es bedeutet zu trauern. Dass es in Ordnung ist, traurig zu sein, auch mal durcheinander oder unsicher. Gleichzeitig vermitteln Sie Ihren Kleinen, dass sie bei Ihnen weiterhin sicher sind, dass es im Leben trotz dieser umwälzenden Veränderung weiterhin vieles gibt, auf das sich Ihr Kind verlassen kann.
- **Die Großen verstehen die Kleinen.** Sie haben die Aufgabe, die individuelle Trauer Ihres Kindes auszuhalten. Ohne es zu verurteilen, zu reglementieren oder zu verunsichern. Bitte bilden Sie sich nie vorschnell ein Urteil darüber, ob Ihr Kind gerade »richtig« trauert, sondern versuchen Sie, sich auf die Art, in der Ihr Kind trauert, einzulassen und ihm den Beistand zu geben, den es jetzt braucht.
- **Die Großen beziehen die Kleinen ein und lassen sie nicht im Stich.** Das bedeutet, dass Sie Ihrem Kind immer wieder anbieten, beim Abschied und im Trauerprozess aktiv dabei zu sein, ohne es unter Druck zu setzen. Dabei ist stets das Kind mit seiner Gefühlswelt und seinen Bedürfnissen relevant – und nicht die Erwartungen oder Wünsche anderer Menschen.
- **Die Großen finden kindgerechte Worte**, um den Kleinen zu vermitteln, was Trauer, Sterben und Tod bedeuten. Hierbei ist wichtig, dass Sie nicht angstmachend oder in unverständlichen Bildern

kommunizieren, sondern Worte finden, die dem Alter und Entwicklungsstand des Kindes entsprechen.

- **Die Großen achten auch auf sich,** um für die Kleinen da sein zu können. Sie sind wichtigster Orientierungspunkt für Ihr Kind. Das braucht Kraft. Schaffen Sie sich deshalb Räume für sich selbst, für Ihre eigene Verzweiflung und Trauer, damit Sie Kraft auftanken können. Das bedeutet, Sie brauchen immer wieder die Gelegenheit, sich nur Ihren Gefühlen zu widmen, ohne dabei Rücksicht auf Ihr ebenfalls betroffenes Kind nehmen zu müssen. Das kann mit einer vertrauten Freundin, allein oder in einer Trauergruppe geschehen (siehe Kapitel »Selbst trauern und gleichzeitig Halt bieten«).

Wie Sie erkennen, ob ein Kind professionelle Hilfe braucht

Die Anzeichen dafür, dass ein Kind und seine Familie Unterstützung brauchen, sind vielfältig. Nicht jede intensive Trauerreaktion ist Indiz dafür, dass zusätzliche Hilfe nötig ist. Es passiert häufig, dass Kinder anders reagieren, als ihre Bezugspersonen es erwarten würden, besonders stark oder auch viel weniger intensiv. Viele verschiedene Reaktionen sind möglich und sie alle dürfen zunächst in ihrer Unterschiedlichkeit sein, solange Kinder sich und andere dadurch nicht gefährden oder schädigen. Viele Eltern oder andere Bezugspersonen sind verunsichert, wenn ein trauerndes Kind anders reagiert als erwartet. Denn in der Regel fehlt der Vergleich. Deshalb fällt es schwer einzuordnen, was »sein darf« und ab wann man sich Sorgen machen muss.

Unserer Erfahrung nach ist es sinnvoll, sich als Bezugsperson zunächst nicht allzu stark an Alterslisten oder klinischen Symptomaufstellungen zu orientieren, sondern an der Anspannung des Kindes, soweit diese wahrnehmbar ist. Versuchen Sie, aufmerksam zu bleiben und genau zu beobachten, was dem kleinen Trauernden gerade guttut, was ihn zur Ruhe kommen lässt und seine Anspannung löst. Sie unterstützen Ihr Kind am besten, wenn Sie emotional mit ihm in Kontakt bleiben und immer wieder ohne Druck Offenheit signalisieren.

Es ist dann sinnvoll, sich als Erwachsener selbst Beratung und Unterstützung für den Kontakt zum Kind zu suchen, wenn Sie das Gefühl haben, dass eine Erschütterung ein Kind nachhaltig überfordert und die Verarbeitung sozusagen »stecken bleibt«. Manchmal braucht es nur eine kleine Hilfe, einen winzigen Anschub in die richtige Richtung, manchmal eine therapeutische Unterstützung dabei, dem Kopf und dem Herzen wieder »in die Spur« zu helfen.

Ninas Mutter hatte Krebs – und alles war rasend schnell passiert: Nur vier Monate waren der jungen Familie zwischen Diagnose und Beerdigung geblieben. Nina war immer ein »Mama-Kind« gewesen. Daher war ihr Vater Norbert erstaunt, wie gut die Achtjährige nach dem Tod ihrer Mutter »mitlief«. Nina war brav, hielt sich an alle Absprachen, wirkte unauffällig, wenn auch zerbrechlich. Als Nina auch nach Monaten noch das Licht im Kinderzimmer die ganze Nacht über anließ und erst in den frühen Morgenstunden ein bisschen Schlaf fand, machte sich ihr Vater zunehmend Sorgen. Wenn er seine Tochter fragte, was los sei und ob es wegen der Mama wäre, antwortete Nina einfach nicht oder lenkte vom Thema ab.

In der Woche vor dem Geburtstag der Mutter fragte er Nina, was sie am Geburtstag von Mama unternehmen wolle. »So habe ich sie noch nie gesehen«, berichtete er, noch immer bewegt und erschrocken. »Mit hochrotem Kopf hat sie ›NICHTS!‹ geschrien und die Tür zugeknallt. Da hab ich gemerkt: Da stimmt was ganz und gar nicht.«

Ungewohntes Verhalten, sei es Wut oder In-sich-gekehrt-Sein, ebenso körperliche Beschwerden wie Appetitlosigkeit, Schlafstörungen (Schlafmangel oder zu großer Schlafbedarf), Kopf- und Bauchschmerzen,

Mattigkeit, Lustlosigkeit und Nervosität: Das sind erst einmal normale und gesunde Reaktionen in einer Trauersituation. Diese Beschwerden können auch noch eine ganze Zeit nach einem Todesfall auftreten, sodass Erwachsene unter Umständen gar keinen Zusammenhang mehr zu dem Todesfall sehen.

Wenn Sie jedoch das Gefühl haben, dass **die Gedanken und Gefühle des Kindes nachhaltig durcheinandergeraten sind,** wenn auch nach Wochen eine Art »Nebel« bestimmte Erinnerungen verdeckt oder bestimmte Bilder immer wieder hartnäckig vor dem inneren Auge auftauchen, benötigt ein Kind Unterstützung.

Das gilt auch, wenn sich der **Körper** nicht mehr beruhigen kann, dauerhafte **Schlafstörungen** Ihrem Kind die Kraft rauben, die **Konzentration** schwerfällt oder der »Geduldsfaden« ständig reißt. Ebenso, wenn Kinder sich **zurückziehen,** das Thema am liebsten vollständig vermeiden, körperliche Beschwerden nicht mehr vergehen, ein Kind **umfassende Ängste** entwickelt oder ein **anhaltend verändertes Essverhalten** zeigt.

Grundsätzlich sollten Sie professionelle Hilfe und Unterstützung dann suchen, wenn Kinder oder Jugendliche auch nach einiger Zeit noch durch die oben genannten Symptome in ihrem Leben eingeschränkt sind, sie **nachhaltig das Interesse an sich selbst, ihrem Leben und ihren Beziehungen verlieren** oder wenn Sie als Bezugsperson das Gefühl haben, die Situation und die Reaktionen Ihres Kindes nicht einschätzen zu können.

Kurz: Wenn Sie sich Sorgen machen, holen Sie sich bitte Hilfe! Denn es ist in jedem Fall sinnvoller, sich rückzuversichern, als tapfer und allein Gefahr zu laufen, Ihre eigenen Kräfte und die Ihres Kindes zu übersteigen.

Auf einen Blick

- Sterben, Tod und Trauer stellen jeden Menschen vor wichtige Aufgaben, die ihn emotional und psychisch stark beeinflussen und fordern.
- Kinder und Jugendliche erfassen abhängig vom Alter und Entwicklungsstand Sterben und Tod anders als Erwachsene.
- Trauer ist für Kinder und Jugendliche oft ein noch intensiverer Prozess als für Erwachsene, da junge Menschen noch mitten in ihrer Persönlichkeitsentwicklung sind und die Traueraufgaben zu den damit verbundenen Entwicklungsaufgaben hinzukommen. Diese Traueraufgaben sind nichts, was »hinter sich gebracht« werden soll, sondern sie sind Bestandteil eines Prozesses, der die Trauer in das eigene Empfinden, die eigene Persönlichkeit integriert.
- Die wichtigsten Traueraufgaben sind die folgenden:
  - › den Verlust des geliebten Menschen begreifen
  - › die damit verbundenen Gefühle aushalten
  - › lernen, mit dem Verlust umzugehen
  - › eine neue Beziehung und Verbindung zum Verstorbenen finden
- Kinder brauchen dabei die Unterstützung ihrer erwachsenen Bezugspersonen: den »Großen«, die Halt und Orientierung geben, mit ihren »Kleinen« in Verbindung sind, diesen in ihren Traueraufgaben zur Seite stehen und ihnen helfen, ihre Trauer abhängig von Alter und Entwicklungsstand zu erleben.
- Kinder zeigen unterschiedliche Trauerreaktionen, die von dem abweichen können, was die Erwachsenen erwarten. Dass ein Kind Trauer anders oder gar nicht zeigt, bedeutet nicht, dass es keine Trauer empfindet.
- Wenn Sie das Gefühl haben, Ihrem Kind nicht helfen zu können, und es sich anhaltend verändert, kann es sinnvoll sein, sich professionelle Hilfe zu suchen.

Die Zeit des Sterbens – Wie Sie Kinder einbeziehen

Und als die Stunde des Abschieds nahe war:
»Ach!«, sagte der Fuchs, »ich werde weinen.«
ANTOINE DE SAINT-EXUPÉRY, DER KLEINE PRINZ

Wenn für einen Menschen die Zeit des Sterbens und des Abschieds vom Leben anbricht, ist dies zunächst oft unvorstellbar. Für ihn selbst und für die Menschen, die ihn lieben. Natürlich geht es in dieser Situation in erster Linie um den Sterbenden, darum, was er braucht, es geht um seine Gefühle, Ängste, Fragen und Bedürfnisse. Es geht aber auch um die Menschen, die Abschied nehmen werden, die sich ebenfalls auf das Sterben vorbereiten müssen. Wenn darunter Kinder sind, haben Erwachsene neben der eigenen Trauer auch noch die Aufgabe, auf die Kleinen zu schauen, ihnen zur Seite zu stehen und ihnen den Umgang mit dem Abschied zu ermöglichen.

Die Angst, dabei etwas falsch zu machen, oder der große Wunsch, die Kinder vor schmerzhaften Erfahrungen zu schützen, sind nur allzu verständlich. Viele Familien bewältigen diese Zeit auf beeindruckende und warmherzige Art. Der verlässliche Beistand der Großen ist ein unschätzbares Geschenk für die involvierten Kinder, denn die Erfahrung, ausgeschlossen zu werden, nicht teilhaben und keinen Beitrag leisten zu können, wenn ein geliebter Mensch stirbt, kann Einsamkeit und Verwirrung stiften. Dann entsteht eine ungute Dynamik, die zu Familiengeheimnissen und Unausgesprochenem führt, was Kinder sehr belasten kann.

Kinder brauchen die Möglichkeit, über ihre Erfahrungen, Probleme und Eindrücke zu sprechen. Das ist für Erwachsene oft schwierig – aber es ist nötig. Denn wenn so Existenzielles wie das Sterben und der Tod »totgeschwiegen« wird, dann kann das Ängste und Fantasien auslösen, die ein Kind stark belasten. Im Gespräch mit erwachsenen Vertrauenspersonen kann ein Kind seine Ängste verarbeiten, Trauer begreifen und Unsicherheiten klären.

Generell gilt: Keine Geschichte und keine Familie gleicht der anderen, kein Kind gleicht einem zweiten. Dennoch gibt es Themen und Fragen, die viele Familien beschäftigen, wenn sie mit dem Sterben und dem Abschied konfrontiert sind. Auf einige davon möchten wir hier eingehen.

Sich gedanklich auf Situationen und Gespräche vorbereiten

Es ist schwierig oder nahezu unmöglich, pauschale Aussagen zu einem so persönlichen und hochindividuellen Thema zu treffen. Zudem entstehen Belastungsfolgen nie durch eine Nachricht oder ein Ereignis allein, es kommt immer auf mehrere Faktoren in der Zusammenschau an: ein Zusammenspiel aus Vorher – Währenddessen – Nachher.

Zum einen ist hier die Beschaffenheit des Fundaments gemeint, auf das eine Belastung trifft: Wie viel Kraft hat ein Kind zu dem Zeitpunkt gerade? Bei wem spürt es Schutz und Fürsorge, auch in schweren Stunden? Dazu kommt dann das Erleben der Belastung in all ihrer Individualität. Welche Bedeutung hat das Erlebte oder Erfahrene für das eigene Leben? Wie hilflos erlebt das Kind sich selbst oder wie gut kann es sich in der abrupt veränderten Situation orientieren? Wie nachhaltig ist all das erschüttert, was es von sich selbst, der Welt und seiner eigenen Position in der Welt glaubt?

Neben dem Fundament und dem, was das Kind erst einmal auszuhalten hat, spielt dann noch die Folgezeit eine wichtige Rolle: Wie viel Orientierung kann es neben dem Schmerz in seinen Bezugspersonen und den Reaktionen auf seine Fragen, sein Erleben und seine Belastung finden? Welche Zusatzbelastungen oder Zusatzunterstützungen bestimmen die Folgezeit?

Es ist wichtig, im Umgang mit Kindern zwischen Antworten auf gestellte Fragen und undifferenzierten Informationen zu unterscheiden. Denn oft stellen wir Erwachsene uns ganz andere Sachen vor als die, die Kindern tatsächlich Sorgen oder Angst bereiten. Dann besteht das Risiko, dass Grenzen falsch gesteckt werden: Die Erwachsenen agieren aus ihrer eigenen Sorge heraus, sind nicht am Erleben des Kindes orientiert und übersehen womöglich seine Grenzen.

Wir unterstützen oft Eltern dabei, sich auf die Gespräche mit ihren Kindern vorzubereiten und eigene, klare Formulierungen und Erklärungen zu finden. Je stärker Erwachsene auf diese Art ihre eigene Haltung reflektieren und entwickeln, Worte und sprachliche Bilder finden, umso sicherer und ruhiger werden sie meist in der Interaktion mit ihrem Kind.

Vielen Erwachsenen hilft es, sich zuerst zu überlegen, welche **zentralen Inhalte** sie ihrem Kind zu den Themen Sterben, Tod und Trauer vermitteln möchten. Diese Inhalte können dann als Ausgangspunkt für Antworten auf die Fragen des Kindes dienen. So könnten Sie einem Kind, dessen Vater an Krebs sterben wird, zum Beispiel erklären, dass Papas Körper sehr krank ist. Schritt für Schritt geht es dann weiter, je nachdem, was das Kind wissen möchte und muss. Auf diese Art kann es ein Stück weit selbst mitbestimmen, wie intensiv es in das Thema eintaucht und wie schnell es darin weitergeht.

So haben wir es auch mit Julia besprochen, deren Diagnose niederschmetternd war. Ihr lief die Zeit davon und sie holte sich bei uns Rat: Gemeinsam überlegten wir, wie sie ihren siebenjährigen Zwillingen erklären könnte, warum sie immer schwächer wurde. Bei unserem nächsten Termin berichtete sie weinend und lachend von dem Gespräch mit ihren Söhnen: »Ich habe ihnen erklärt, dass ich sehr krank bin und dass mein Körper immer schlechter funktioniert. Dass ich ständig müde und deshalb ganz langsam bin. Jonas seufzte, legte mir die Hand auf mein Bein und fragte: ›Wie unser altes Auto, Mama?‹ ›Ja‹, habe ich ihm gesagt, ›ein bisschen‹.«

Wann mit Kindern sprechen?

Selbst unmittelbar mit dem eigenen Sterben konfrontiert zu sein, ist an sich herausfordernd und berührt Grenzbereiche und wesentliche Fragen unserer Existenz. Zusätzlich die Verantwortung für ein Kind zu spüren, stellt uns darüber hinaus vor eine Reihe weiterer und nicht weniger zentraler Fragen. Daher ist mein Wunsch für Menschen in dieser Situation, dass sie mit ausreichend Zeit und in guter menschlicher – vielleicht auch fachlich kompetenter – Gesellschaft auf die Suche nach Antworten gehen können. Natürlich muss die Aufgabe des Bewältigens oder des Gestaltens dieses letzten Lebensabschnitts letztlich von jedem selbst »geschafft« werden, allein jedoch hoffentlich nicht.

Ist ein Kind involviert, stellt sich die Frage, wann Betroffene mit ihren Kleinen über die neue Situation sprechen sollten. Die Antwort darauf lautet wohl: Früh genug, um rechtzeitig Trittsteine finden und legen zu können. Spät genug, um sich nicht selbst zu überfordern oder zu überholen.

Julia etwa hatte zunächst sehr mit ihren eigenen Gefühlen zu kämpfen. Die Vorstellung, nur noch wenige Monate Zeit zur Verfügung zu haben, war für sie völlig abwegig und unbegreiflich: »Der Kopf ist einfach immer ausgegangen. Ich habe versucht, darüber nachzudenken, aber es ging einfach nicht. Ich hatte nur noch ein ›Besetztzeichen‹ in den Ohren. Wie sollte ich den Jungs da irgendetwas erklären? Ich hab's ja selbst nicht begriffen.« Bald jedoch merkte sie, wie sehr ihr eigener Schock, das Schwanken zwischen Erkenntnis und Nichtbegreifen die Zwillinge verunsicherte. »Richtig klar wurde es mir eines Abends beim Ins-Bett-Bringen. Ich war so erschöpft und gleichzeitig so aufgedreht. Adrian wollte mich nicht gehen lassen und als er immer und immer wieder nach meiner Hand griff, reagierte ich genervt. Plötzlich hatte mein kleiner Sohn Tränen in den Augen: ›Hast du uns gar nicht mehr lieb?‹, fragte er leise und mir brach fast das Herz. Da wusste ich, dass ich Hilfe brauchte.«

Kinder spüren große Anspannungen bei ihren Bezugspersonen und suchen nach Erklärungen dafür. Wenn das Thema lange gar nicht angesprochen wird, finden Kinder Alternativerklärungen. Das sind häufig solche, die mit der eigenen Person verbunden und sehr schmerzlich sind. Sobald Kinder verunsichert sind, brauchen sie deshalb – wie die Großen letztlich auch – Verbindung und Orientierung.

Für ein Kind sind unter Umständen verschiedene Schritte notwendig, um vieles rund um das Sterben verstehen zu können. Etwa, was es heißt, so krank zu sein, dass der Körper nicht mehr gesund werden kann. Oder dass bestimmte Krankheiten nicht ansteckend sind und niemand schuld an ihnen ist. Oder dass es einen Körper gibt und noch einen anderen Teil von uns, der in diesem Körper wohnt. Sich hier frühzeitig Gedanken zu machen, welche Antworten dem Kind vermittelt werden sollen, führt wie schon beschrieben nicht nur zu einer Orientierung der Kinder. Häufig hilft es auch den Erwachsenen, eine eigene Haltung zu entwickeln und sich bewusst zu machen, welche Vorstellungen und Bilder sie ihrem Kind vermitteln möchten.

Wie mit Kindern sprechen?

Was einfach klingt, ist unter hohem eigenem Stress und bei einer tief gehenden eigenen Belastung eine anspruchsvolle Aufgabe für die Großen. Wirklich auf die Fragen des Kindes zu antworten und nicht in die eigenen Bilder und Sorgen abzugleiten, ist gar nicht so leicht. Daneben muss ich als Bezugsperson unter Umständen aushalten, dass ein Thema nur angeschnitten, nur markiert und nicht umfassend besprochen werden kann und ich das Gefühl habe, dass vieles offengeblieben ist. Doch das muss nicht schlimm sein: Wichtiger als ein inhaltliches Besprechen ist ohnehin oft die vermittelte Haltung, die diese Art von schwierigen Gesprächen prägen kann. Es kann vermittelt werden, dass die Situation einen auch als Erwachsenen sehr traurig macht und es einem nicht leichtfällt, damit umzugehen. Dennoch bleibt der Erwachsene auch in schwierigen und schmerzhaften Zeiten die Person, die vor(an)geht und weiß, wie und wohin der nächste Schritt geht.

Vermitteln Sie Ihrem Kind, dass es fragen darf, was immer es fragen möchte. Alles, was seinen Kopf oder sein Herz bewegt. Alles, was ihm Angst macht oder aus anderen Gründen nach einer Antwort verlangt. So kann es gelingen, nicht nur ein Gespräch zu führen, sondern gleichzeitig einen Entwurf dafür zu skizzieren, wie Sie und Ihr Kind in der kommenden Zeit miteinander umgehen wollen. Viele Erwachsene haben Angst, diese schwierigen Themen offen anzusprechen, weil sie befürchten, dass ihre Kinder schwierige Fragen stellen, auf die sie keine Antwort geben können. Wir machen aber immer wieder die Erfahrung, dass die Antwort selbst weniger zentral ist als die Bereitschaft, jede Frage zu hören. Das bedeutet, dass es oft sogar schon weiterhilft, zu sagen, wenn man etwas (noch) nicht weiß. Zeigen Sie, dass Sie bereit sind, die Ungewissheit gemeinsam mit Ihrem Kind auszuhalten und auch, dass Sie selbst erst einmal darüber nachdenken müssen und wieder auf das Kind zukommen, wenn Sie eine Antwort gefunden oder sich »schlaugemacht« haben.

Wir sagen keinesfalls leichtfertig, dass Erwachsene auch in so schwierigen Zeiten signalisieren sollen, dass sie mit der Situation umzugehen wissen und ihren Kindern vorangehen können. Oft genug wissen Bezugspersonen in außergewöhnlich schwierigen Lebenssituationen selbst nicht, wie es weitergehen soll, wie das Erlebte zu bewältigen ist, wie es gelingt, nicht zu verzweifeln, und das alles wissen wir. Wahr ist aber auch, dass Kinder Orientierung brauchen, am besten von denen, die in ihrem Leben ohnehin bereits wie ein Leuchtturm sind. Dafür genügt es, nur »einen Schritt voraus« zu sein – und das lässt sich mit guter Unterstützung, mit Mitgefühl, Respekt und gedanklicher Vorbereitung erreichen.

Die meisten Erwachsenen sind sehr unsicher, welche Worte und sprachlichen Bilder hilfreich und angemessen sind, um einem Kind Sterben und Tod zu erklären, ihm zu helfen, die eigenen Gefühle zu sortieren und förderliche Bilder zu entwickeln. Allgemeingültige Regeln, wie das gelingen kann, gibt es nicht. Doch es gibt Ideen und Informationen, die Ihnen helfen, sich Schritt für Schritt gemeinsam auf diesem Weg voranzubewegen. Auch bei guter Vorbereitung und Begleitung sind diese Schritte immer noch überaus bedeutungsvoll und auch schmerzhaft. Aber sie können von Großen und Kleinen gemeinsam gegangen werden, in einer Zeit, in der »gemeinsam« so unendlich wichtig ist. Wir erleben immer wieder auf beeindruckende Weise, wie Eltern und andere Erwachsene es schaffen, ihren Kleinen in dieser Zeit beizustehen.

Hilfreich ist es, wenn Sie in Gesprächen und im Miteinander »Trittsteine« aufbauen, auf denen sie den weiteren Weg sicher gemeinsam beschreiten können. Das können zum Beispiel Erklärungen zum Kranksein und zum Körper sein oder ein Reden darüber, was uns als Menschen sonst noch ausmacht, über den Körper hinaus. Hier ist es wichtig, altersgerechte, passende Bilder zu finden, die Kinder begreifen können (mehr dazu auf Seite 80 f.). Auch Erklärungen zum Krankenhaus, zu eventuellen Schmerzen und Veränderungen sind solche wichtigen Trittsteine.

Wichtig ist, dass zwei Dinge *nicht* Ziel sein dürfen, wenn Erwachsene Kinder in schwierige Themen einbeziehen. Zum einen kann man, insbesondere bei kleinen Kindern, ein »Begreifen« in einem erwachsenen Verständnis nicht voraussetzen. Je jünger ein Kind ist, umso weiter weg ist es von diesem »erwachsenen Verständnis«. Die Aussagen »Mein Papa ist gestorben« und »Wann kommt Papa heim?« sind dann kein Widerspruch. Es ist gut zu wissen, dass es nicht notwendig oder hilfreich ist, als Erwachsener in jeder Situation auf Aufklärung zu beharren oder scheinbar widersprüchliche Aussagen als Zeichen zu verstehen, alles noch einmal oder besser erklären zu müssen.

Zum anderen darf es leider auch nicht Ziel sein, Schmerz zu vermeiden. Der Wunsch, das Kind zu schonen, ihm Kummer zu ersparen, ist nur zu verständlich. Doch er steht der Möglichkeit entgegen, Kindern im gemeinsamen Erleben Orientierung zu bieten. Wir möchten Sie ermutigen, sich gemeinsam mit Ihrem Kind mit der Trauer, dem Verlust und der Endlichkeit auseinanderzusetzen. Sie dürfen darauf vertrauen, dass Sie alles, was Sie dazu brauchen, in sich haben. Oft sind diese emotionalen Kompetenzen nur unter der Angst, etwas falsch zu machen, verschüttet. Natürlich ist es schwierig, in einer belastenden Situation, die auch Sie selbst an Ihre Grenzen bringt, auf diese Kompetenzen zurückzugreifen, der eigenen Intuition zu vertrauen. Doch sobald Sie erlauben, dass Kopf und Herz eine Verbindung finden, wird es immer einfacher.

Die richtigen Worte finden

Viele Erwachsene haben Hemmungen, Bedenken und Ängste, wenn es darum geht, mit Kindern darüber zu sprechen, dass ein nahestehender Mensch schwer erkrankt ist oder ernsthaft verletzt wurde. Vor allem, wenn das Sterben oder der Tod zu erklären sind, zögern viele – oder nehmen an, dass Kinder und Jugendliche manches schon wissen, irgendwie begreifen, man also nicht allzu viel zu erklären braucht. Doch das ist oft nicht der Fall. Was es zum Beispiel bedeutet, dass ein Mensch Krebs hat, dass jemand sterben wird oder gestorben ist, all das ist bei Kindern häufig mit sehr wenigen und oft auch mit falschen Gedanken verbunden. Viele Kinder können sich nichts darunter vorstellen, schnappen Bruchstücke auf und finden zu eigenen, unter Umständen sehr fantasievollen, aber abwegigen Erklärungen.

Lennart (5) über die Krebserkrankung seiner Mutter: »Es ist so. Da wohnt ein Tier in Mamas Bauch, das frisst sie langsam auf. Aber wie es atmet, da – das weiß ich auch nicht.«

Es ist möglich, Kindern all das zu erklären und Schritt für Schritt begreifbar zu machen. Man kann eindeutige Beschreibungen und Worte finden, die selbst für kleine Kinder verständlich Krankheit, Sterben und Tod so beschreiben, dass der weitere Weg sicher darauf aufgebaut werden kann. Nehmen Sie Kinder mit auf den Weg. Die Verbindung zu Ihnen und damit die Möglichkeit, sich zu orientieren, ist ein wertvoller Beziehungsbaustein.

Worte finden für Krankheit und Verletzung

- Eine Krankheit macht, dass ein Körper nicht mehr richtig funktioniert.
- Es gibt ganz kleine Krankheiten, wie zum Beispiel eine Erkältung. Die gehen mit ein bisschen Zeit und Hilfe wieder vorbei, der Körper erholt sich und funktioniert wieder richtig.
- Es gibt aber auch sehr große Krankheiten oder Verletzungen. Da braucht der Körper sehr viel Zeit, Medizin und Hilfe. Manchmal kann sich der Körper dann wieder erholen, manchmal aber auch nicht.

Wichtig: Erklären Sie Kindern unbedingt, dass Verletzungen, Krankheiten wie Krebs ebenso wie auch das Sterben nicht ansteckend sind. Kleine Kinder können sonst eigene Erfahrungen mit Krankheit und die schwerste Erkrankung eines geliebten Menschen nicht voneinander unterscheiden.

Worte finden für Sterben und Tod

- Manchmal führt etwas dazu, dass ein Körper nicht mehr funktioniert. Das kann von außen kommen (wie etwa durch einen Unfall) oder von innen (zum Beispiel durch eine schwere Krankheit).
- Wenn eine Verletzung oder eine Krankheit so groß ist, dass auch Zeit und Medizin nicht mehr helfen können, wird der Körper immer schwächer. Manchmal dauert das eine Weile, manchmal geht es auch sehr schnell.
- Wenn der Körper zu schwach ist, um noch weiter zu funktionieren, hört am Ende das Herz auf zu schlagen.
- Wenn das Herz nicht mehr schlägt, hört der Körper auf zu funktionieren. Das nennen wir sterben. Wenn der Mensch gestorben ist, ist er tot.

Wie Sie den Zusammenhang von Körper und Seele beschreiben können

- Der Körper ist der eine Teil des Menschen. Es ist möglich, dass er nicht mehr funktioniert und der Mensch stirbt. Der andere Teil, der zum Menschen gehört, der sozusagen im Körper wohnt, ist so hell und klar wie Licht. Viele Menschen nennen diesen Teil Seele.
- Wenn ein Mensch stirbt, kann die Seele nicht mehr im Körper wohnen und trennt sich von ihm. Sie lässt alle Ängste, alles Schmerzhafte zusammen mit dem Körper zurück.

So erklärt, wird auch für Kinder nachvollziehbar und plausibel, dass es **einen Körper** gibt, von dem wir Abschied nehmen, und dass es darüber hinaus **einen anderen Teil** gibt, zu dem wir Verbindung halten, der in unseren Gefühlen fortbesteht. Wir differenzieren also zwischen »Papas Körper« und »Papa«. »Papa« oder »Papas Seele« kann nach seinem Tod nicht mehr in seinem Körper wohnen, das Herz schlägt nicht mehr.

Für jeden der beiden Teile kann ein guter Ort gefunden werden. Vielleicht das Grab im Außen und ein imaginärer Ort im Inneren oder der Natur (siehe Seite 176 ff.).

Tim hat ein Erinnerungsbild von der Abschiednahme am Sarg seines Vaters gemalt, auf dem sichtbar wird, wie er sich Körper und Seele vorstellt. Das Bild zeigt deutlich, dass sein Papa nicht mehr in seinem Körper wohnt.

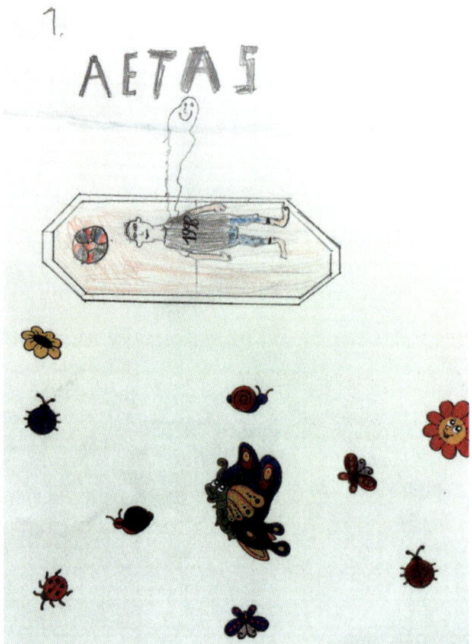

»Papas Seele«, Tim, 12 Jahre

Kontakt zwischen Kindern und Sterbenden – was ist möglich, was ist gut?

In allen Familien entwickeln sich durch die Erkrankung eines Familienmitglieds ganz notgedrungen neue Routinen und Strukturen. Das Leben kann nicht mehr so weitergehen, wie es war. Aber nicht nur die neuen Notwendigkeiten spielen dabei eine Rolle, sondern oftmals auch der Wunsch der Kinder, sich zu der neuen Lebenssituation zu verhalten. Vielleicht möchte der Sohn seinem erkrankten Vater jeden Tag die geliebte Zeitung holen oder ein Kind übernimmt Pflichten im Haushalt, weil es das Gefühl hat, jetzt mehr Verantwortung übernehmen zu müssen. Manche Kinder entziehen sich der Situation zunächst auch mit Nachdruck und brauchen ganz viel Abstand, um sich erst langsam und behutsam annähern zu können. Mehr als fixe Verabredungen oder übertragene Aufgaben bewährt sich für viele deshalb ein situatives Überlegen und Planen. Denn einmal übertragene Aufgaben können im Erleben von Kindern eine tiefe Bedeutung und Verbindung zum Geschehen bekommen, sodass sie womöglich auch bei Überlastung nicht mehr abgegeben werden können. So wird die Siebenjährige, wenn sie die Aufgabe übernommen hat, ihrer krebskranken Mutter jeden Morgen eine Tasse Tee ans Krankenbett zu bringen, das vielleicht auch dann noch tun, wenn das Betreten des Zimmers für sie durch die stark fortgeschrittene Veränderung der Mutter beängstigend, unangenehm oder schlichtweg an manchen Tagen zu viel ist.

Auch hierbei gilt: Die Großen bleiben die Großen und die Kleinen bleiben die Kleinen. So gibt es auch Aufgaben für Große und Aufgaben für Kleine. Notwendige Versorgung ist Aufgabe der Großen, die Kleinen haben andere Aufgaben, die pausieren können, verändert werden dürfen und jederzeit freiwillig sind. Das ist sehr wichtig, denn die meisten Kinder brauchen Aufgaben und das Gefühl, aktiv mitwirken, einen Beitrag leisten zu können. Aber sie brauchen eben solche Aufgaben, denen sie gewachsen sind. Auch hier ist letztlich und ganz individuell jedes einzelne Kind entscheidend. Welche Aufgaben sind angemessen und helfen dem Kind, sich einzubringen? Und welche Aufgaben sind einfach »viel zu große Schuhe«? Eine gute Richtschnur ist bei dieser Überlegung, das Kind aufmerksam zu beobachten: Was führt gerade zu erhöhter Anspannung – und was führt dazu, dass etwas im Kind handlungsfähig und ruhiger wird?

Lena und ihr Papa hatten gemeinsam den Garten des kleinen Reihenhauses angelegt. Kurz nach dem Umzug erkrankte er schwer und musste schon bald in einem Hospiz stationär versorgt werden. Lenas Mutter konnte zunächst überhaupt nicht verstehen, warum ihre Tochter nicht mit zu den Besuchen kommen wollte. »Sie hatte jedes Mal eine Ausrede, irgendwann bin ich richtig sauer geworden. Einmal war es irgendein Schulprojekt, dann hatte sie Kopfschmerzen, dann irgendeine wichtige Verabredung, irgendwas war immer. Als sie mir dann auch noch sagte, sie könne nicht mitkommen, weil sie noch Haare waschen müsse, bin ich richtig ausgerastet. Irgendwie habe ich da noch gar nicht kapiert, dass sie einfach nicht wusste, ob sie das aushalten kann. In die Beratung bin ich eigentlich gegangen, weil ich so enttäuscht von meiner Tochter war. Im gemeinsamen Gespräch habe ich verstanden, dass sie eigentlich gar nicht cool oder gleichgültig war, sondern fast verrückt vor Angst. Der erste Schritt war geschafft, als ich ihr den Vorschlag machte, dass sie jeden Tag ein Foto vom Garten macht. Die habe ich meinem Mann dann mitgebracht und für ihn aufgehängt. Beim ersten Mal, als Lena schließlich mitkam, hat sie ihm einen kleinen Stein aus dem Garten mitgebracht. Der lag bis zuletzt auf seinem Nachttisch.«

Dass die Erwachsenen einfühlsam auf das Kind blicken, ist auch deshalb so wichtig, weil viele Kleine sich »kümmern« wollen, wenn ihre Großen in Not geraten. Viele Kinder versuchen zum Beispiel, ihre Bezugspersonen zu trösten, machen sich Sorgen und wollen ihnen eine Freude machen, etwa ein Bild malen. Wenn Kinder aber zum »Erwachsenen im Haus« oder zum »einzigen Halt« werden, ist es notwendig, die Situation liebevoll zu klären und sicherzustellen, dass diese Aufgaben von anderen Großen übernommen werden.

Wir arbeiten hier mit einem Bild, dem Ruderboot. Diese Methode wurde im Rahmen einer Studie der LMU München zum Thema Prävention und Verarbeitungsförderung nach belastenden Ereignissen veröffentlicht (siehe Kapitel Rituale, »Das Ruderboot«, ab Seite 65). Damit wird verdeutlicht, dass es auf die Balance zwischen den Ruderbewegungen auf der einen und der anderen Seite ankommt, um in der Bewältigung schwieriger Lebensphasen vorwärtszukommen. Das leuchtet jedem – auch jüngeren Kindern – unmittelbar ein. Das eine Ruder steht für die Auseinandersetzung mit dem Schwierigen. Teil dieser »Ruderbewegung« könnte sein, ein Bild für Papas Krankenhauszimmer zu malen, an das zu denken, was gerade passiert, oder auch zu weinen, wenn einem danach ist. Das andere Ruder steht für alles, was die Kraft dafür bringt, durchzuhalten: Pausen vom Traurigsein zu machen, sich abzulenken, den Akku aufzuladen. Das kann alles sein, was dem Körper guttut, was lecker schmeckt, zum Lachen bringt …

Die Aufgaben, die jede Seite im Ruderboot mit sich bringt, können für jeden Trauernden ganz individuell gefunden werden. Für die Kleinsten ist es vielleicht »ein Blümchen pflücken für Mama« und »mit Jannis auf den Spielplatz gehen«. Für die Großen ist das Bild des Ruderbootes unter Umständen eine wichtige Erinnerung daran, dass auch für sie dasselbe gilt, dass auch sie nicht nur auf einer Seite rudern dürfen und sie letztlich auch dann, wenn es darum geht, Pausen zu machen, Vorbild für ihre Kleinen sind.

In der Situation des bevorstehenden Todes ist es wichtig, einen Weg des Kontaktes zu finden, der für beide Seiten tragbar und ausreichend ist. Sowohl bei Besuchen vor dem Tod, während des Sterbens, als auch später bei einer Abschiednahme vom bereits Verstorbenen gilt nach unserem Verständnis: Es geht oft gar nicht um die Entscheidung »ja oder nein«, sondern eher um Fragen wie: Was wünschst du dir? Was macht dir Sorgen? Wovor hast du Angst? Welcher Schritt ist jetzt o.k., welcher (noch) nicht? Was brauchst du dafür, um Abschied nehmen zu können? Kinder bekommen so die Chance, einen Schritt nach dem anderen gehen zu können, jederzeit Stopp sagen zu dürfen, Pausen und Auszeiten zu nehmen. Sie bekommen auch die Möglichkeit, ihren Bedürfnissen und Grenzen entsprechend Kontakt zu haben. Vielleicht möchten sie nur in der Nähe des Sterbenden sein, vielleicht (erst einmal) ohne direkten Kontakt. Womöglich möchten sie zunächst einen Gruß schicken oder ein Briefchen oder ein kleines Geschenk. Wenn Kleine solche Möglichkeiten gezeigt und eröffnet bekommen, kann dies den ohnehin großen Stress reduzieren. Denn auf diese Art, indem ein Schritt nach dem anderen geschieht, gemeinsam und ohne Zwang, immer am Kind und dessen Erleben orientiert, können Besuche und Abschiede für Kinder sichere und sogar kostbare Erfahrungen sein.

Wichtig ist, dass Grenzen gewahrt werden und es gelingt, zu verstehen und zu beantworten, was für das Kind unter Umständen ängstigend ist. Wir erleben in der Regel, dass dies Großen und Kleinen nach den ersten gemeisterten Schritten immer besser gelingt, auch wenn es schwierig ist. Gestützt durch das gemeinsame Erleben, gut orientiert am Vorbild ihrer sicheren Großen, können Kinder gestärkt durch diese Zeit gehen.

Für Kinder ist es sehr schmerzhaft und manchmal schwer verständlich, die körperlichen Veränderungen geliebter Menschen mitzuerleben, die sterben. Sterbende brauchen vielleicht viel Schlaf, sind womöglich gereizt, wirken verändert oder haben starke Schmerzen, sodass sie nicht wie bisher auf das Kind reagieren können. Irgendwann verändert sich vielleicht das vertraute Aussehen oder medizinische Geräte verändern das Bild. Sowohl eine gute Vorbereitung als auch Begleitung kann dabei helfen, dass Große und Kleine bis zuletzt in Kontakt und verbunden bleiben und nicht ein Abschied vor der Zeit geschieht.

Wichtig: Besonders bei diesem Thema, das im Umfeld oft zu sehr kontroversen Einschätzungen bis hin zu größter Sorge oder unheilvollen Warnungen führt, profitieren viele Bezugspersonen von einer guten Beratung. Bei so wesentlichen Themen – die so ganz anders sind als die, mit denen wir normalerweise in unserem Elternalltag konfrontiert sind – Entscheidungen zu treffen, erfordert einen sicheren eigenen Stand.

Die Grenzen des Verkraftbaren erkennen

Die Grenze dessen, was so hilflos macht und so tief erschüttert, dass es die eigene Welt nachhaltig verändert, liegt bei jedem Kind ganz unterschiedlich. Wo die individuellen Grenzen eines Kindes sind, kann man unmöglich im Voraus wissen. Wie schon gesagt, hängen sie vom emotionalen **Fundament**, dem **Ereignis** und auch der **Folgezeit** ab, von der individuellen **Bedeutung** des Geschehenen für das Kind und seine Welt sowie von der **Orientierung** und dem **Halt,** die es trotz allem noch erlebt.

Kinder benötigen jetzt Bezugspersonen, die eng mit ihnen verbunden bleiben, an ihren Bedürfnissen orientiert sind und in dem Moment darauf reagieren, wenn es nötig ist. Wichtig bleibt, dass das Kind kontinuierlich in die sich verändernde Situation hineinwachsen darf.

Kinder brauchen dabei Orientierungspersonen, bei denen sie Schutz und Fürsorge spüren, auch wenn es schwer wird. Jemanden, der größer, weiser, stärker ist. Kinder brauchen keine allwissenden Großen, sondern Bezugspersonen, die Schritt für Schritt erklären, Gefühle aushalten, Neues einsortieren, immer wieder orientieren. Auch hierbei gilt: Ein Schritt voraus reicht. Ein solcher Schritt voraus können auch Verhalten und Worte sein, die dem Kind sagen: »Ich weiß auch gerade noch nicht, wie das geht, aber ich kann dir zeigen, wie man damit umgeht, in einer Situation zu sein, in der man sich nicht auskennt.«

Wir erleben in unserer Arbeit viele Kinder nach höchst belastenden Ereignissen. Uns ist es wichtig, diese Kinder nicht einseitig zu sehen: Es ist gut, zum einen die bedrohlichen Dynamiken von Traumabelastung wahrzunehmen und Respekt vor der Tatsache zu haben, dass ein Trauma krank machen kann. Gleichzeitig sollte man aber auch wissen, dass es nicht krank machen muss, dass ein Ereignis – auch ein sehr schwerwiegendes – nicht das seelische Schicksal von Kindern in Stein meißelt. Mit dem Ereignis selbst ist der Weg nicht zu Ende, auch nach tiefer Erschütterung kann Stabilisierung und Heilwerden gelingen.

Auf einen Blick

- Wenn Kinder das Sterben eines nahestehenden Menschen miterleben, brauchen sie die offene, zugewandte Begleitung ihrer Großen.
- Es ist wichtig, dass Sie sich gedanklich darauf vorbereiten, mit Ihrem Kind im Gespräch zu bleiben, Fragen zu hören und nach Antworten zu suchen.
- Dabei gilt es, auch eigene Ängste und Trauer wahrzunehmen und zu reflektieren, damit diese nicht unbemerkt in die Gespräche hineinwirken und so zu Missverständnissen führen.
- Es gibt Formulierungen, mit denen Sie Ihrem Kind helfen können, das Sterben und den Tod nach und nach zu verstehen.
- Ein wichtiger Aspekt hierbei ist, dass jeder Mensch mehr ist als sein Körper. Das bedeutet, dass von jedem Menschen in der Erinnerung der Lebenden etwas bleibt, was nicht durch Krankheit oder Verfall angegriffen werden kann, sondern unverletzlich ist. Ob Sie es Seele nennen oder anders, darf individuell sein.
- Im Kontakt zwischen Sterbenden und Kindern ist viel Sensibilität gefragt, damit die Grenzen aller Beteiligten gewahrt bleiben und ein Abschied zur richtigen Zeit möglich ist.

Die Zeit des Abschieds

»Als ich Oma so daliegen sah, konnte ich nicht glauben, dass sie nie wieder aufwachen sollte. Dass ich sie anfassen konnte, hat mir geholfen zu wissen, dass sie tot ist.«

MARIE, 11 JAHRE

Wenn man Luise (4), Magda (7) und Sophie (9) gefragt hätte, bei wem die Wochenenden am schönsten, die Ferien am aufregendsten und mit wem die Ausflüge am abenteuerlichsten sind, die Antwort wäre klar gewesen: Opa Heinz, der »Pferde-Opa«, war der unangefochtene Held seiner drei kleinen Enkelinnen.

Der 74-Jährige war sein Leben lang unternehmungslustig geblieben, ein begeisterter Reiter und Reitlehrer, leidenschaftlicher Gärtner und fürsorglicher Großvater. Die Mädchen waren oft bei ihm; sie genossen es, mit Opa Heinz im Garten zu werkeln, gemeinsam die Pferde zu striegeln und auszureiten.

Bis zu dem Tag, an dem Opa Heinz auf der Treppe stürzte. Er musste ins Krankenhaus, wo ein komplizierter Bruch und innere Verletzungen diagnostiziert wurden. Auch die Mädchen besuchten ihn mehrmals im Krankenhaus. Leider erholte Opa Heinz sich nicht mehr. Es ging ihm von Tag zu Tag schlechter und zwei Wochen später starb er. Sein Sohn Martin meldete sich bei uns, um alles für die Beerdigung zu besprechen. Wir fragten ihn, ob sich denn alle vom Opa verabschiedet hatten.

»Ja«, bestätigte Martin, »wir waren alle noch am Tag vor seinem Tod in der Klinik.«

»Und haben Sie ihn auch alle tot gesehen?«, war unsere nächste Frage.

»Nein«, erwiderte Martin etwas befremdet, »das brauchen wir auch nicht, wir haben uns ja verabschiedet. Und für die Kinder wäre das eh nichts ...«

Wir kamen miteinander ins Gespräch darüber, was es mit dem Abschied auf sich hat, warum ein Abschied vom toten Opa so anders ist als der vom lebenden. Wie viele Erwachsene, die wir in unserem Bestattungsinstitut kennenlernen, wurde in diesem Gespräch auch für Martin schnell klar, warum wir einen Abschied empfehlen: Den Verstorbenen nach dem Tod noch einmal zu sehen, hilft so sehr, zu begreifen. Gerade Kindern ist es ohne diesen Abschied oft unmöglich, zu erfassen, was es bedeutet, tot zu sein: Der Opa, den sie nur lebend kennen, soll jetzt in einem Sarg liegen? Und dann auch noch in die Erde kommen? Welche beängstigenden Bilder sich durch diese Vorstellung entwickeln können!

Wenn Kinder sich selbst vom Tod eines Menschen überzeugen dürfen, können sie im wahrsten Sinne des Wortes »begreifen«, dass derjenige hier auf Erden gar nicht mehr sein kann. Dass sein Körper ganz kalt ist, er anders aussieht, nicht mehr atmet, nichts mehr zum Essen braucht ... Martin verstand immer besser, was es für eine Bedeutung haben kann, den Toten nochmal zu sehen – nicht nur für die drei Mädchen.

Wir vereinbarten einen Termin für den Abschied am offenen Sarg. Martin gefiel unser Vorschlag, dass die Mädchen Opas Sarg bemalen dürfen: »Er mochte seinen bunten Garten und war so lebendig in seiner Art, das würde ihm gefallen.«

Dennoch, ein paar Zweifel blieben: Wäre es nicht doch zu verstörend für die Kinder, den Opa tot zu sehen? Würde sich das nicht als schlimmes Bild einprägen, welches alle Erinnerung an den lebenden Pferde-Opa überlagern würde? Auch das ist eine Befürchtung, die wir oft hören, und wir können diese Bedenken meist rasch entkräften: Uns ist es sehr wichtig, dass ein »gutes« Bild vom Verstorbenen bleibt. Wir schminken oder maskieren den Verstorbenen nicht. Der Verstorbene wird zum Abschied mit all den Veränderungen, die zum Tod dazugehören, gesehen. Beispielsweise sieht man, dass die Farbe der Haut sich verändert hat, Fingernägel und Lippen blau sein können. Wir erklären Kindern und Erwachsenen, was sie konkret erwartet, bevor wir gemeinsam den Raum betreten.

So war es auch in diesem Fall: Der Abschied nahte und wir brachten die Familie zu unserem Abschiedsraum. Wir beschrieben, wie der Opa jetzt aussieht und wie er sich verändert hat. Dann gingen wir gemeinsam in den Raum hinein. Martin und seine Frau Ellen waren sichtlich angespannt, die drei Mädchen hingegen wollten sofort anfangen, den Sargdeckel zu bemalen.

Unsere Abschiedsräume sind zweigeteilt: In einem Raum liegt der Verstorbene offen aufgebahrt, im anderen Raum kann man sich aufhalten, wenn man zwischendurch eine Pause möchte. Auch den Sargdeckel zum Bemalen legen wir dort ab. Martin ging zu seinem Vater, die siebenjährige Magda wollte gleich mit. Sie ging sofort auf den Opa zu: »Er sieht aus, als ob er schläft!« Sanft erklärten wir, dass er nicht schläft, sondern tot ist.

»Schau mal, wenn du ihn anfasst, dann merkst du, dass er ganz kalt ist. Und wenn du dich jetzt selber anfasst, merkst du, wie warm du bist? Das ist ein Unterschied zwischen tot und lebendig.«

»Ja, das stimmt. Der Opa ist ganz kalt«, bestätigte Magda. Sie streichelte seine Wange, fasste seine Nase an und seine Hände. Dann rannte sie ganz aufgeregt hinüber zu ihren Schwestern und meinte: »Der Opa ist ganz kalt. Kommt mal mit und schaut. Der sieht aus, als ob er schlafen würde. Das macht er aber nicht. Der ist tot.«

Nun gingen alle gemeinsam hin. Die kleine Luise wiederholte immer wieder: »Der Opa ist tot«, und schaute dabei ihre Mama und den Papa an. Diese bejahten und wiederholten es immer wieder.

Die neunjährige Sophie weinte, weil ihr klar wurde, dass sie nun nicht mehr mit ihrem Opa Heinz im Garten arbeiten konnte. Dass sie ihn auch nie wieder lachen sehen, sie nie wieder mit ihm spazieren gehen oder sich unterhalten würde …

Sophie hatte zwei identische Plüschbären, die unter allen Spielzeugen ihre Lieblinge waren. Einen davon hatte sie mitgebracht und legte ihn nun dem Opa in den Arm. Der andere sollte für immer bei ihr bleiben.

Nach und nach kamen noch Freunde, Verwandte und Nachbarn dazu, um sich von Opa Heinz zu verabschieden. Die Kinder bemalten den Sarg und gingen immer von einem Raum zum anderen, um jedem der neu Ankommenden den Opa zu zeigen und zu erklären, dass er tot sei. Sie erläuterten, woran man das merke und wie er jetzt aussehe.

Irgendwann als wir gemeinsam neben dem Opa standen, fragte Magda mich, Nicole Rinder, ganz leise: »Sieht man die Seele?«

Was für eine Frage, dachte ich. Wow! Sieht man die Seele?

»Was glaubst du?«, fragte ich interessiert zurück. Wir überlegten gemeinsam und aus dieser Frage entwickelte sich schließlich eine wundervolle Unterhaltung zwischen mehreren Erwachsenen und den Kindern. Nach drei Stunden verabschiedeten sich alle, beseelt von dem berührenden und bewegenden Abschied.

Martin und Ellen waren dankbar für diese Erfahrung, die ihnen den Umgang mit dem Thema Tod erleichtert hatte. So viele Brücken waren an diesem Nachmittag bereitet worden, um in Zukunft mit den Kindern über den Opa und seinen Tod zu sprechen, sich an ihn zu erinnern. Auch der Ausblick auf die bevorstehende Beerdigung war jetzt frei von Angst und Sorge: Die drei Mädchen wussten nun schon genau, wie der Opa in seinem Sarg liegen würde, dass er tatsächlich tot war, dass man ihn jetzt auch in die Erde geben konnte.

Es war Abschied genommen worden.

Sich von einem geliebten Menschen für immer zu verabschieden, das gehört zu den schwersten, aber auch wichtigsten Erfahrungen, die wir in unserem Leben machen. Wir erleben in unserer Praxis als Bestatter immer wieder, wie individuell und einzigartig die Empfindungen, der Schmerz und die Trauer sind. Doch was wir wirklich in jedem Fall miterleben ist, dass der Abschied vom Verstorbenen ein wichtiger und heilsamer Schritt im Prozess der Trauer ist. Ein Schritt, der hilft zu begreifen, dass der geliebte Mensch nicht mehr lebt. Dass er nie wieder zurückkommt, dass das gemeinsame Leben, die Geschichte, die man mit diesem Menschen geteilt hat, unwiderruflich und endgültig vorbei ist. All das wird vielen Trauernden in dem Moment klar, in dem sie den Verstorbenen noch einmal sehen dürfen.

Das ist für viele Menschen unglaublich schmerzhaft. Vor allem aber hilft es, den Abschied vom Verstorbenen zu meistern. Wir plädieren deshalb in jedem Fall dafür, dass Trauernde diese Chance bekommen.

Wichtig ist uns: Niemand »muss« beim Trauern oder beim Abschiednehmen irgendetwas. Aber wir legen jedem Trauernden diesen wichtigen Schritt ans Herz. Die Möglichkeit, sich vom Verstorbenen direkt zu verabschieden, ist nur sehr kurz gegeben. Auch Kinder sollten hierbei mit einbezogen und gefragt werden, ob sie den Toten sehen möchten. Falls ein Kind das verneint, ist es wichtig, weiterzufragen: Warum möchte es nicht? Hat das Kind Angst und wenn ja, wovor?

Wenn das Kind von Ängsten erzählt, versuchen Sie bitte, ihm diese zu nehmen. Es ist gut zu erklären, wie solch ein Abschied aussehen wird: dass der Verstorbene in einem Sarg liegt, seine eigene Kleidung trägt, sicherlich ein bisschen anders aussieht als vorher im Leben. Dass wahrscheinlich einige Menschen dort weinen werden … Wenn Sie spüren, dass Ihr Kind eigentlich möchte, aber durch irgendetwas gehemmt wird, machen Sie ihm Angebote, die die Entscheidung erleichtern und den Druck aus der Situation nehmen: Sagen Sie ihm, dass es auch zum Bestattungsinstitut mitgehen kann, ohne dass es mit zum Verstorbenen in das Zimmer gehen muss – eine solche Botschaft ist sehr wichtig. Denn sie gibt dem Kind die Sicherheit: Nur, weil ich mich jetzt dafür entscheide, muss ich dann nicht alles tun, was mir vielleicht zu viel wird. Ich kann vor Ort erst einmal schauen, wie es mir geht und was es mit mir macht.

Das gilt es dann auch in der Situation zu respektieren: Falls Ihr Kind zum Bestattungsinstitut mitgegangen ist, aber dann doch nicht zum Verstorbenen hineinmöchte, ist das völlig in Ordnung. Für einige ist es wichtig, in der Nähe sein zu dürfen, vielleicht eine Sargbeigabe mitzugeben. Aber der direkte Kontakt ist dann doch zu viel. All das darf sein.

Wenn Ihr Kind trotz Ihrer Fragen und Erklärungen immer noch sagt, dass es nicht mitgehen möchte, dann signalisieren Sie ihm, dass auch das vollkommen in Ordnung ist! Es gibt kein Richtig oder Falsch. Jeder entscheidet für sich, wie weit er gerade gehen kann und was momentan zu viel ist. Wenn Kinder nicht mit zum Abschied möchten, können sie den Erwachsenen auch etwas mitgeben, was der Verstorbene von ihnen dabeihaben soll. In diesen Fällen ist es gut, wenn Fotos vom Abschied und vom Toten gemacht werden. Denn manche Kinder fragen später nach, wie es denn war, was man gesehen hat, wie der Verstorbene aussah. Dann erklären Sie Schritt für Schritt genau das, was Ihr Kind auch nachfragt. Für manche Kinder sind die Fotos sehr wertvoll, weil sie sich dadurch wirklich ein Bild davon machen können, was bei dem Abschied geschehen ist.

Wir haben immer wieder erlebt, dass auch Erwachsene froh darum waren, diese Bilder zu haben. Selbst wenn sie nur in einer Erinnerungskiste aufbewahrt und womöglich nie mehr angeschaut werden, so ist doch das Wissen darum, dass man sie hat und jederzeit anschauen könnte, gut und wertvoll.

Das letzte Fest braucht junge Gäste

Gespräche wie das mit Martin, dem Vater der drei kleinen Mädchen, erleben wir in unserer Arbeit sehr oft. Die Frage, ob Kinder zur Beerdigung mitgenommen werden, und auch, ob sie den Toten vor oder bei der Beerdigung noch sehen sollen, ist in einigen Familien stark umstritten. Es sind dabei die Erwachsenen, die vorgefertigte Meinungen haben und oft negative Beispiele und Aspekte anführen: Man ist etwa davon überzeugt, dass es den Kindern schadet oder dass sie sich ohnehin nur unangemessen verhalten werden, Unsinn anstellen und alles noch gar nicht verstehen.

Die Beerdigung ist für uns das letzte Fest, bei dem ich von einem geliebten Menschen Abschied nehmen kann. Darum darf und soll die Beerdigung ein Bild vom Leben des Toten widerspiegeln. Auf diesem Bild sollen und dürfen die Menschen anwesend sein, die im Leben des Verstorbenen eine Rolle gespielt haben. Kinder können Beerdigungen bereichern und es ist schade, wenn sie davon ferngehalten werden.

Die meisten Eltern wollen ihre Kinder beschützen und glauben, es sei besser, wenn diese den Verstorbenen so in Erinnerung behalten, wie er war – lebendig. Doch spätestens bei der Bestattung wird das sehr schwierig: Wie soll man einen »lebendigen« Menschen beerdigen?

Versucht man, Kinder auf diese Art aus der Trauer herauszuhalten, wird der Tod für sie zu etwas sehr Geheimnisvollem, etwas, worüber man nicht sprechen darf. Durch unsere Erfahrungen wissen wir: Man sollte Kinder unbedingt auch am Abschied und am Tod teilhaben lassen. Andernfalls nimmt man ihnen etwas, was nie mehr oder nur sehr schwer nachgeholt werden kann.

Sehr viele Eltern und andere Bezugspersonen befürchten, Kinder könnten bei einem Begräbnis oder durch den Anblick Verstorbener tief traumatisiert werden. Die meisten Erwachsenen möchten den Kindern das um jeden Preis ersparen. Die zehnjährige Sarah sagt dazu: »Dass ich die Mama immer im Krankenhaus besuchen durfte und gesehen habe, dass sie ganz anders wird – dafür war ich nicht zu klein. Aber als sie dann gestorben ist, durfte ich sie nicht mehr sehen, dafür war ich dann zu klein.«

So wie Sarah erleben viele Kinder, dass die Erwachsenen um sie herum eine ganz andere Vorstellung davon haben, wie Kinder empfinden und was ihnen Sorgen oder Angst macht, als sie selbst. Der Abschied von einem nahestehenden Verstorbenen ist für Kinder sogar ganz besonders wichtig. Denn es ist für kaum ein Kind vorstellbar, was es bedeutet, dass der geliebte Mensch tot ist. Seinen toten Körper noch einmal sehen zu dürfen, ihn zu berühren, zu ihm sprechen zu können und dabei auch ganz konkret zu begreifen, dass dieser Mensch tatsächlich gestorben ist – das ist fundamental wichtig. Kinder müssen sehen und fassen dürfen, dass Tod kein Schlaf ist und keine »Pause«, sondern dass das Leben dieses Menschen unwiderruflich vorbei ist. Den toten Körper zu sehen, zu spüren, dass die Haut ganz kühl ist – erst in dieser Situation können die meisten Kinder überhaupt eine Vorstellung davon entwickeln, was Tod bedeutet.

Fehlt dieser Schritt, ist das Risiko viel größer, dass sich angstmachende, furchtbare Bilder entwickeln. Das Kind hat diesen Menschen gerade noch lebend gesehen, wenige Tage später gibt es nur noch eine Grabstelle. Der Mensch liegt unter der Erde, gleichzeitig ist er »im Himmel«, je nachdem, welche Erklärungen und Bilder in der Familie des Kindes zum Tod gefunden werden. Wieso ist Papa gleichzeitig unten im Grab und auch da oben auf irgendeiner Wolke? Wieso überhaupt will er auf der Wolke sein und nicht hier bei seinem Kind? Wie kann die Oma denn unter der Erde »schlafen«, so ohne Luft? Was tut sie, wenn sie wieder aufwacht? Jeder Erwachsene kann sich vorstellen, wie beängstigend und verwirrend all diese Fragen, hilflosen Überlegungen und Vorstellungen sein können.

Oft hören wir die Befürchtung, dass das Bild des toten Menschen sich dem Kind unauslöschlich einprägen wird, alle Bilder vom lebenden Menschen überdeckt, gar auslöscht. Diese Sorge verstehen wir gut, sie ist aber zum Glück unbegründet: Die Bilder von dem verstorbenen Menschen werden bestehen bleiben. Diese letzten Bilder vom Moment des Abschieds sind unglaublich intensiv. Aber sie werden schließlich neben den Erinnerungen an den lebenden Menschen stehen, sie werden diese wertvollen Erinnerungen nicht überdecken oder wegschieben.

Durch das Einbeziehen in Abschied und Beerdigung können Erwachsene ein Kind in seinem gesunden Trauerprozess stark unterstützen. Dieser Moment kann für Trauernde jedes Alters der Augenblick sein, in dem sie beginnen können, den Tod eines geliebten Menschen in ihr Leben zu integrieren und die weiteren Traueraufgaben zu bewältigen.

Wichtig ist selbstverständlich, dass ein Kind auf diese Situation gut vorbereitet wird. Es soll wissen, wozu die Trauerfeier da ist und was es dort erwartet. Wenn Sie Zeit dafür finden können, gehen Sie vor der Beerdigung gemeinsam mit Ihrem Kind über den Friedhof. Dabei können Sie die Fragen beantworten, die das Kind hat. Wenn Eltern damit überfordert sind, kann auch eine andere Bezugsperson des Kindes diese Aufgabe übernehmen. Am besten ist das jemand, der dann auch während der Beerdigung an der Seite des Kindes ist und es an die Hand nimmt, vielleicht die Patentante, der Onkel oder die beste Freundin der Mama.

Wird ein Kind während der Beerdigung unruhig, kann man nachfragen, was der Grund für die Unruhe ist, vielleicht auch kurz mit ihm die Beerdigung verlassen. Wir haben schon erlebt, dass Kinder bei Beerdigungen anfingen zu lachen oder um das Grab herumliefen. Viele Erwachsene kommen schwer damit zurecht. Wir möchten auch hier die Anspannung gern mildern: Lachen oder Lebendigkeit, wie sie Kinder mitbringen, dürfen bei einer Beerdigung durchaus sein. Natürlich in einem gewissen Rahmen. Wir erleben immer wieder, dass das Lachen in dieser Situation auch eine befreiende Wirkung haben kann. Nicht selten schaffen Kinder es, die dichte Traueratmosphäre aufzulockern, und auch die Erwachsenen fangen an zu schmunzeln. Die Schwere weicht und für kurze Zeit gewinnt auch etwas Leichtigkeit Raum.

Es ist schön, wenn alle Trauernden das aushalten können, denn gemeinsam zu trauern und das Leid zu teilen, ist das eine – wieder gemeinsam lachen zu können, das andere. Lachen und Weinen, beides hat seine Berechtigung, beides darf und muss sein. Das Lachen weckt die Lebensgeister, und das ist im Angesicht des Todes lebenswichtig.

Wie Sie Kinder in die Rituale der Trauer einbeziehen

Es gibt verschiedene Möglichkeiten, Kinder in die Zeit zwischen dem Tod eines lieben Menschen und der Beisetzung miteinzubeziehen. Wie bereits beschrieben ist ein wichtiger Aspekt, das Kind bei jeder Gelegenheit offen und einladend zu fragen, ob es sich beteiligen möchte. Trauen Sie Ihrem Kind die Entscheidung zu, nehmen Sie ihm diese nicht aus Angst oder Vorsicht ab: Es passiert sehr schnell, dass Erwachsene für ihr Kind entscheiden und der Meinung sind, dass es etwas nicht will oder nicht kann, ohne das Kind selbst nach seinen Wünschen und Bedürfnissen zu fragen.

Etwas zu tun, aktiv zu sein, sich einzubringen – das hilft Großen und Kleinen. Werden Kinder in die Vorbereitung und Umsetzung von Ritualen mit einbezogen, verlieren sie ein Stück weit die Angst vor dem Schweren und Traurigen, das gerade in der Familie passiert. Sie dürfen erleben, dass sie für die Oma, den Opa oder einen anderen lieben Menschen nach dem Tod noch etwas »tun« können.

Als den eigentlichen Augenblick des Abschieds betrachten wir die Begegnung mit dem Verstorbenen, das Begreifen, dass dieser Tod wirklich ist. Um diesen Moment herum gibt es zahlreiche Rituale und Ideen, die helfen, einzigartige Erinnerungen zu schaffen.

- Direkt beim Abschied, wenn die Trauernden den Toten sehen, haben wir schöne Erfahrungen damit sammeln dürfen, wenn Angehörige – vor allem Kinder und Jugendliche – den Sarg bemalen können. Mit Symbolen, Worten oder Handabdrücken können Trauer und Liebe für den Verstorbenen individuell ausgedrückt werden.
- Kinder können dabei helfen, kleine Geschenke auszusuchen, die mit in den Sarg gegeben werden. Bei der Auswahl der Sargbeigaben gilt es zu überlegen: Was will ich als Andenken an den Verstorbenen vielleicht selbst behalten? Und was soll mit im Sarg sein, weil es den

verstorbenen Menschen in gewisser Form begleiten soll? Der Fantasie sind keine Grenzen gesetzt: Die Beigabe kann die Tageszeitung sein, die immer gelesen wurde, das Lieblingsbuch, die Mischpalette aus dem Aquarellset, der Golfball oder die Pfeife.

- Auch beim Aussuchen der Lieblingskleidung, die der Verstorbene im Sarg tragen soll, können Kinder beteiligt sein. Vielleicht möchten sie zudem ein eigenes Lieblingsstück auswählen, das der Verstorbene mit dabeihaben soll, etwa einen Schal, ein T-Shirt oder einen besonderen Pullover?
- Kleine können außerdem bei der Musikauswahl für die Bestattung mittun: Was war die Lieblingsmusik, das Lieblingslied des Verstorbenen? Vielleicht gibt es ein bestimmtes Lied, das sie mit dem Verstorbenen verbindet, oder eines, das ihnen Mut macht und Kraft gibt.
- Kinder können dabei helfen, Fotos auszusuchen, die als kleine Geschenke mit in den Sarg sollen – oder sie können ein eigenes Bild für den Verstorbenen malen. Das ist auch für jüngere Kinder, die noch nicht schreiben können, eine schöne Möglichkeit, sich auszudrücken. Das Bild kann sie selbst mit dem Verstorbenen zeigen oder ein Symbol oder Motiv, welches das Kind mit dem Verstorbenen verbindet. Das Bild kann auch einen Titel bekommen: Ich hab dich lieb, ich denk an dich … In dieses Bild kann das Kind einfließen lassen, was die Beziehung zu dem Verstorbenen für das Kind ausgemacht hat, welche Erlebnisse man miteinander hatte, welche Erinnerungen von diesem Menschen das Kind im Herzen trägt – all das kann sich in diesem Bild spiegeln. Ein solches Bild kann mit in den Sarg oder ins Grab gegeben werden oder Sie vervielfältigen es und der kleine Künstler kann es an die Trauergäste verteilen.
- Wenn das Kind schon schreiben kann, ist auch ein Brief als Sargbeigabe eine schöne Idee.
- Bei der Vorbereitung zur Bestattung gibt es noch weitere Möglichkeiten, Kinder ganz aktiv einzubeziehen: Sie können den Blumen-

schmuck mit aussuchen oder etwas Kleines basteln, was das Sargbukett komplettiert. Auch die Kerze, die dann bei der Trauerfeier neben dem Sarg steht, kann gemeinsam gestaltet werden, oder sie können auch die Kranzschleife beschriften oder bemalen.

- Eine schöne Idee ist es außerdem, einen großen Stein zu bemalen, der auf das Grab gelegt wird. Das kann auch nach dem Begräbnis noch geschehen, bei einem Besuch am Grab.
- Während der Bestattung kann ein Kind den Blumenkorb für die Gäste halten oder eine Fürbitte vorlesen, die es vorbereitet hat. Jugendliche möchten vielleicht den Sargwagen mitschieben.

Kann ein Abschied nachgeholt werden?

Sollte ein Todesfall in Ihrer Familie schon länger zurückliegen und es gab die Möglichkeit des Abschieds nicht, dann können Sie gemeinsam mit Ihrem Kind überlegen, was Sie gern bei dem Abschied getan hätten. Dies können Sie aufschreiben, vielleicht in Form eines Briefes, der an den Verstorbenen gerichtet ist. Ebenso können Sie sich auch noch Sargbeigaben überlegen.

Wenn Sie auf diese Art Ihren »späten Abschied« gemacht haben, gehen Sie gemeinsam auf den Friedhof, verbrennen den Brief und geben die Asche auf das Grab, also zum Verstorbenen. Legen Sie auch die Sargbeigaben auf das Grab, vielleicht erzählen Sie noch etwas dazu, etwa, warum Sie und Ihr Kind genau diese Beigaben ausgesucht haben. Das ist eine schöne Erinnerungsarbeit und lädt ein, wieder an die gemeinsam gelebte Zeit zu denken.

Was Kinder über den Tod wissen wollen

Viele Eltern oder andere Familienmitglieder haben auch Angst davor, dass ein Kind in der Vorbereitung, während der Trauerfeier oder danach Fragen stellen könnte, die sie überfordern. Wir haben hier einige Fragen zusammengetragen, die wir schon häufiger von trauernden Kindern gehört haben, um Ihnen ein Bild davon zu vermitteln, was auf Sie zukommt – und um Ihnen die Angst vor diesen Fragen zu nehmen.

- Hat Papa im Sarg eine Decke, damit er nicht friert?
- Kriegt Oma Luft im Sarg?
- Sieht Mama mich noch?
- Warum muss man auf einem Friedhof beerdigt werden?
- Sieht man die Seele?
- Gibt es im Himmel etwas zu essen?
- Wann kommt mein Bruder wieder?

Viele der Fragen, die Kinder eben noch hatten, lösen sich beim Abschied vom Toten schnell auf. Man muss nicht mehr viel erklären, Kinder sehen den Unterschied zwischen dem toten und dem lebenden Körper. Ihnen wird klar: Die Oma braucht keine Luft mehr, sie muss und kann nicht mehr atmen. Der Papa friert nicht mehr. Andere Fragen stellen Kinder vielleicht auch längere Zeit vor eine Aufgabe und sie finden in der eigenen Vorstellungskraft Lösungen für die Rätsel, die sie beschäftigen. Die zehnjährige Hannah hat dafür ein Bild gefunden, sie schreibt: »Ich habe ein Schiff gemalt, das ins Nirwana fährt, um mir besser vorstellen zu können, wo mein Papa jetzt ist. Auf dem Schiff befindet sich ein Bordcomputer, in dem eingespeichert ist, wo die Reise aller Menschen nach dem Tod hingeht. Die Vögel sind die Leibwächter des Bootes und somit auch der Toten. Alle Toten sind auf dem Schiff, aber die sind unsichtbar.«

»Das selbstfahrende Schiff auf dem Weg in ein fernes Land«, Hannah, 10 Jahre

Die richtigen Worte finden

Wenn Ihr Kind Sie etwas fragt, ist es wichtig, die Hintergründe der Fragen zu erfahren: Wo kommen seine Ideen und Fantasien her? Wenn Sie die Quellen dieser Ideen finden, können Sie eventuelle belastende Vorstellungen oft rasch auflösen.

Alles, was in eine gute und nicht beängstigende Richtung geht, darf bestärkt werden. Alles, was Angst zeigt, sollte thematisiert werden. Sonst können sich Bilder und Fantasien verselbstständigen und ein Kind sehr lange belasten.

Bevor Sie direkt auf eine Frage antworten, ist es deshalb gut, erst einmal zurückzufragen, um die Gedanken und Ideen des Kindes zu ergründen. Auf die Frage »Sieht man die Seele?«, könnte man vielleicht antworten: »Was meinst denn du?« Dann können sich Kinder und Erwachsene gemeinsam Gedanken dazu machen, wie jeder Einzelne darüber denkt.

Auch kindliche Ängste werden bei solchen Gesprächen offenbart und Sie haben Gelegenheit, darauf einzugehen. Vermutet ein Kind etwa schreckgeweiteten Auges: »Der Opa ist in der Hölle! Da wird er jetzt brennen!«, können Sie helfen, solch angstbesetzte Vorstellungen aufzulösen, indem Sie gezielt fragen, wieso das Kind so etwas glaubt. Auf ein: »Nein, warum? Wieso meinst du, dass der Opa in der Hölle ist?« könnte ein Kind dann vielleicht antworten, dass die Oma doch immer gesagt habe, dass der Opa bestimmt mal in die Hölle käme ... Hierauf kann man erklären, dass das vielleicht im Scherz gemeint war oder aus einem anderen Grund gesagt wurde.

Ideen und Anregungen für gute Gespräche

- Nehmen Sie sich ausreichend Zeit für die Vorbereitung, aber schieben Sie die Gespräche, die geführt werden müssen, auch nicht unnötig vor sich her.
- Nehmen Sie Beratung in Anspruch, um individuelle Lösungen zu finden für das, was Sie erklären müssen.
- Nehmen Sie sich Zeit für wichtige Gespräche, unterbrechen Sie Tätigkeiten, wenn Ihr Kind etwas Wichtiges fragt, fertigen Sie es nicht zwischen Tür und Angel ab.
- Wählen Sie einfache Bilder und eindeutige Worte, die für Sie selbst stimmen und die wahr sind. Denken Sie ruhig vorab darüber nach, welche Worte und sprachlichen Bilder das sein könnten, damit Sie im Gespräch sicher agieren.
- Beginnen Sie mit dem Wesentlichen, bauen Sie darauf Schritt für Schritt auf.

- Geben Sie wo immer möglich konkrete Antworten auf gestellte Fragen, statt dem Kind Ihre Vorstellungen und Ideen anzubieten. Diese könnten das Kind überfordern.
- Unterscheiden Sie zwischen Ihrem eigenen und dem Bedarf des Kindes. Nehmen Sie also Tempo und Grenzen des Kindes wahr. Überfordern Sie weder das Kind noch sich selbst: lieber vertagen, wenn das Gespräch an einem Punkt ankommt, an dem es nicht weitergeht.
- Trauen Sie sich zu, jede Frage zu hören und nicht gleich auf alles eine Antwort zu haben.
- Hören Sie auf Ihr Herz und vertrauen Sie Ihrem Gefühl.

Ungünstige Formulierungen vermeiden

Kinder verstehen Aussagen möglicherweise völlig anders, als Erwachsene sie meinen. Sie können sie entweder sehr wörtlich nehmen oder auch völlig falsch verstehen. Wichtig ist in der Situation rund um den Abschied deshalb, dass Erwachsene selbst darauf achten, welche Bilder sie durch ihre Worte und Erklärungen bei Kindern erzeugen können.

Auch wenn Aussagen gut oder tröstend gemeint sind, können sie etwas völlig Gegenteiliges auslösen: »Dem Papa geht es im Himmel besser als hier« erzeugt bei einem Kind womöglich das Gefühl: Ich bin es nicht wert, dass der Papa hiergeblieben ist. Irgendwo ist es viel schöner als hier, der Papa hat mich nicht genug geliebt, um hierzubleiben. Ich war vielleicht sogar einfach zu böse, deshalb war es hier nicht schön für ihn. So können sehr belastende Gedanken und auch Schuldgefühle aufkommen.

Es gibt sprachliche Bilder zum Tod, die sehr oft genutzt werden, aber für Kinder überhaupt nicht hilfreich sind. Ein Beispiel dafür ist, dass die Begriffe Schlaf und Tod häufig miteinander vermischt werden. Das passiert meist, um den Tod für das Kind »abzumildern« oder leichter erträglich zu machen – oder einfach aus Hilflosigkeit, weil Erwachsenen in dem Moment nichts Besseres einfällt. Es ist jedoch wichtig, mit Kindern darüber zu sprechen und die Unterschiede sehr deutlich zu machen. Sie können beispielsweise erklären: »Wenn ein Mensch tot ist, sieht das oft ein bisschen aus wie Schlafen, ist aber etwas ganz anderes. Mein Körper funktioniert noch und deiner auch. Kannst du mein Herz schlagen hören? Opas Herz schlägt nicht mehr, er kann in seinem Körper nicht mehr wohnen.«

Manche Kinder haben auch Angst davor, dass Verstorbene spuken könnten. Zu erklären, dass die Seele alles Schmerzhafte, auch schmerzhafte Gefühle, mit dem Körper zurücklässt, kann diese Ängste nehmen. Besonders wenn ein Mensch vor seinem Tod vielleicht sehr krank, womöglich auch aufgrund der Schmerzen oder körperlicher und psychischer Veränderungen sehr wütend oder verletzend war, kann die Vorstellung, dass diese Dinge nicht Teil der Seele sind, sehr heilsam sein. Dann ist die Vorstellung, dass der Verstorbene als »Geist« oder in anderer Form präsent sein könnte, nicht mehr bedrohlich. Denn eine Seele trägt nichts Böses in sich, schadet niemandem und ist wie Licht (siehe auch Seite 147 ff.).

Auf einen Blick

- Wir wünschen jedem Trauernden von ganzem Herzen die Chance auf einen Abschied vom verstorbenen Menschen, der die Begegnung mit dem Verstorbenen einschließt. Ihn nach dem Tod noch einmal zu sehen, auf diese Art begreifen zu dürfen, dass dieser Tod Realität ist, kann ein sehr wichtiger Schritt im Trauerprozess sein.
- Durch einen Abschied vom Verstorbenen gelingt es, Kopf und Herz in Verbindung zu bringen: Was bisher nur im Kopf ankam, kann nun auch vom Herzen begriffen werden.
- Kinder sollten unserer Ansicht nach auf jeden Fall ebenso wie erwachsene Hinterbliebene diese Chance bekommen. Wichtig ist dabei, dass kleine Trauernde immer danach gefragt werden, was sie möchten, ohne dass über ihren Kopf hinweg entschieden wird.
- Falls Kinder diesen Abschied nicht möchten, legen wir nahe, nach dem Warum zu fragen, nach Ängsten und Unsicherheiten.
- Machen Sie Schritt für Schritt, begleiten Sie Ihr Kind in dem, was es sich zutraut und was es wünscht.
- Falls dem Kind ein Abschied nicht möglich war, können Sie es einfühlsam unterstützen, indem Sie diesen dokumentieren. So können Sie später Fragen des Kindes beantworten oder den Abschied zu einem späteren Zeitpunkt ein Stück weit nachholen.
- Kinder haben viele Fragen zum Tod. Beantworten Sie diese einfühlsam und bedacht. Nehmen Sie sich Zeit für Gespräche über das Sterben und den Tod und vermeiden Sie ungünstige Formulierungen, die beängstigende oder auch nur falsche Bilder in der Vorstellung des Kindes aufbauen können.
- Wenn Sie mit Ihrem Kind in gutem Kontakt bleiben, kann der gemeinsame Abschied vom geliebten Verstorbenen für alle eine kostbare und gute Erfahrung werden.

Die Zeit der Trauer

Was hilft in der Krise?
Geduld. Kleine Schritte, nicht hängen lassen.
Sich sagen: Im Moment ist es ganz schlecht,
und die Perspektive ist noch schlechter, aber bewege dich.
Nur so viel, wie du kannst, ohne zusammenzubrechen, aber halte es aus.
Gib nicht auf.
Lass es auch sein, geh auch weg, aber komm wieder.
Komme wieder!
Gib nicht auf!
Mach ganz kleine Bewegungen, bis es wieder in Fluss kommt.

BRUNO GANZ IN EINEM INTERVIEW MIT DIRK VON NAYHAUSS

Mit einem Todesfall endet für die Hinterbliebenen das Leben mit einem geliebten Menschen. Gleichzeitig beginnt das Leben ohne den Verstorbenen. Beide Zeiten – davor und danach, mit und ohne den Menschen, der nun gestorben ist – sind gänzlich verschieden und gleichzeitig tief ineinander verwoben.

Die meisten Hinterbliebenen, egal welchen Alters, haben beim Abschied am offenen Sarg erstmals die Chance, dass ein Begreifen dieses Todes beginnt. Sie bekommen eine allererste Ahnung von dem, was gerade passiert ist. Und sie stehen vor einem großen Berg an Herausforderungen. Umso mehr, wenn Kinder unter den Trauernden sind.

Schon Erwachsene unterscheiden sich stark voneinander im Weg ihrer Trauer. Bei Kindern ist dieser Prozess mindestens ebenso individuell und komplex, bedenkt man allein, dass Kinder unterschiedlichen Alters einen ganz anderen Blick auf die Welt, ein anderes Verständnis von Zeit, Beziehungen, Abläufen haben als Erwachsene.

Macht man sich nun noch klar, dass innerhalb einer Familie mehrere Trauernde unterschiedlichen Alters, mit vielfältigsten Beziehungen zum Verstorbenen und völlig individuellen Trauerwegen miteinander leben, wird klar, wie komplex die Situation ist und wie einzigartig jeder einzelne Fall.

Abschied und Trauer in den Alltag integrieren

So tröstlich es wäre, im Tod einen Sinn zu sehen: Den meisten Menschen gelingt das nicht. Womöglich auch deshalb, weil der Tod oft keinen Sinn hat. Wir Menschen aber suchen in allem nach einem Sinn, es fällt uns schwer anzuerkennen, dass es Dinge gibt, die einfach zum Leben dazugehören. Die das Leben sind. Dazu gehört auch der Tod. So wie es dazugehört, geboren zu werden, Lebensabschnitte anzufangen, Neues zu beginnen, neue Menschen kennenzulernen, so gehört es auch dazu, dass Lebensphasen und Beziehungen enden. Und schließlich muss jeder von uns auch mit der Gewissheit leben, dass sein eigenes Leben endet.

Ein Todesfall trennt das Leben derer, die zurückbleiben, in zwei Teile: Es gibt nun ein Davor und ein Danach. Die erste Zeit im Danach ist oft besonders schwierig und schmerzhaft. Das Leben muss ohne den geliebten Menschen weitergehen. Vieles im Alltag um einen herum läuft genauso ab wie bisher. Gleichzeitig fühlt sich einfach alles ganz und gar anders an als vorher.

16 Monate waren vergangen, seit der Vater der 13-jährigen Stella durch eine Hirnblutung starb. In dieser Zeit hatte sie auf gute und auch auf sehr schmerzhafte Weise erlebt, wie andere Menschen auf ihre Trauer reagierten – und dass das anfängliche Verständnis in manchen Zusammenhängen nur für eine gewisse Zeit anhielt.

»Als wir das zweite Jahr nacheinander die französische Grammatik mit ›mein Vater, dein Vater, unser Vater‹ geübt haben, habe ich meine Lehrerin gefragt, ob das wirklich sein muss, und ihr auch gesagt, dass das richtig schwierig für mich ist. Da hat sie mich gefragt, wie lange das denn noch dauern soll, und gemeint: ›Man kann ja nicht gleich wegen allem den Lehrplan umstellen.‹

Kapier ich nicht. Für sie bedeutet das doch nur drei Minuten zu überlegen, welches Wort wir stattdessen nehmen. Für mich heißt das, mitten im Unterricht den Boden unter den Füßen verlieren. Warum muss ich mich rechtfertigen, weil ich nach 16 Monaten immer noch meinen Vater vermisse?«

Jeden Morgen aufzustehen, in die Arbeit, zur Schule, in den Kindergarten, an die gewohnten Aufgaben, in die üblichen Abläufe zu gehen, als wäre nichts geschehen … und gleichzeitig den Schmerz in sich zu spüren, dass der Alltag, das Leben ohne den Menschen, der bisher selbstverständlich mit dabei war, ablaufen muss. Immer wieder aufs Neue unverhofft mit der Erkenntnis konfrontiert zu werden, dass dieser Mensch nie wieder dabei sein wird: Das ist eine große Herausforderung.

Hinzu kommt, dass die Außenwelt schon bald ein Abschließen der Trauer erwartet. Kollegen, Bekannte, selbst Freunde und Verwandte machen früher oder später deutlich: Nun ist der Tote beerdigt, ein paar Wochen konnten die Hinterbliebenen Verständnis für ihre Trauer erwarten – aber jetzt soll es dann auch wieder »gut« sein.

Jana (32) verlor ihren Bruder vor 17 Jahren durch Krebs. Sie hat sich nach sehr schwierigen Zeiten in ihrem »neuen« Leben wieder gut eingerichtet. Sie kann sagen, dass ihr Leben in Ordnung ist – es hat eine neue Ordnung gefunden. Jana pflegt viele Freundschaften und hat ein gutes Verhältnis zu ihren beiden Kindern. Anfangs ging sie regelmäßig zum Friedhof, um ihrem Bruder nahe sein zu können. Mittlerweile gibt es keine festen Termine mehr, sie geht zum Friedhof, wenn sie die Blumen gießen oder eine Kerze aufstellen möchte.

Jana hat es geschafft, eine neue Bindung zu ihrem verstorbenen Bruder zu entwickeln, ohne ein schlechtes Gewissen haben zu müssen, wenn sie nicht täglich zum Grab geht. Sie kann sich mit einem schönen und guten Gefühl an all die Dinge mit Thomas erinnern und mit einem Lächeln darüber erzählen. Außenstehende sagen, dass sie die Sache mit dem Tod ihres Bruders wirklich gut gepackt hat.

Dennoch erlebt Jana auch heute noch immer wieder Momente, in denen die Trauer mit großer Intensität zurückkommt. Wie zu ihrer Hochzeit vor einigen Jahren: Jana saß in der Kirche und weinte herzzerreißend. Die Tränen wollten nicht aufhören zu fließen. Jana konnte es selbst nicht fassen und wusste erst gar nicht, was sie so bewegte. Plötzlich spürte sie, dass es ihr fehlender Bruder war. Thomas fehlte in diesem Moment wieder wie am ersten Tag nach seinem Tod.

Die Lücke, die er hinterlassen hatte, wurde in diesem Moment wieder so spürbar. Thomas war nicht da. Er konnte diesen schönen Moment nicht mit seiner Schwester erleben. Das machte Jana unsagbar traurig. Sie war froh, dass sie erkennen konnte, warum die Situation sie so schmerzlich berührte.

Ein gutes Jahr später kam ihr erstes Kind zur Welt und wieder spürte Jana diesen Schmerz und diese Sehnsucht nach ihrem Thomas, der jetzt Onkel geworden wäre. Zur Taufe in der Kirche nahm sie genügend Taschentücher mit und wusste, dass auch dieser Moment sehr schön, aber auch traurig sein würde.

Anhand dieser Erfahrung zeigt sich, dass die Trauer und Sehnsucht nie aufhören. Sie verändern sich und man kann es schaffen, eine neue Ordnung in seinem Leben zu finden. Sich einzugestehen, dass es immer wieder Momente und Situationen geben wird, in denen der Verstorbene fehlen wird, ist ein wichtiger Schritt. Thematisieren Sie das wenn möglich auch in Gesprächen mit betroffenen Kindern. Es hilft Großen und Kleinen, innerlich auf diese Momente »vorbereitet« zu sein und zu wissen, dass das ganz normal ist und so sein darf.

Zeit kann gerade in dieser Phase sehr unterschiedlich empfunden werden. Viele Trauernde sind auch nach einem Jahr oder zwei Jahren immer wieder so voller Schmerz, als wäre der geliebte Mensch eben verstorben, und zeigen noch deutliche Trauerreaktionen. Vor allem Kinder und Jugendliche begreifen den Verlust unter Umständen erst viel später in Gänze. Das Umfeld hat dann oft nur noch wenig Verständnis dafür, einfach, weil viele nicht mehr mit Trauerreaktionen rechnen. Wichtig ist für die Hinterbliebenen: Jeder Rhythmus, jedes Tempo ist in Ordnung, solange man in »Bewegung« ist und es nicht zum »Stillstand« im Trauerprozess kommt. Das Leben geht weiter, das ist richtig. Aber es geht ganz anders weiter als bisher. Jeder trauernde Mensch, ob groß oder klein, darf sich hier sein ganz eigenes Tempo zugestehen.

Es ist gut und notwendig, auch die schmerzlichen Gefühle nicht zu verdrängen, sondern zu durchleben. Es darf Tage geben, die ganz durch Trauer bestimmt sind. Für Kleine und Große ist es wichtig, bewusst durch die Trauer zu gehen, sie anzunehmen und nicht zu versuchen, sie zu unterdrücken. Denn Trauer zu verdrängen, kostet Kraft. Viel Kraft, die Trauernde dringend brauchen, um den Verlust in ihr Leben zu integrieren, statt ihn zu leugnen.

Versuchen Sie, Ihrem Kind vorzuleben, wie es ist, die Trauer als einen Helfer anzunehmen, der uns ein Stück des Wegs intensiv begleitet. Irgendwann wird dieser Helfer seltener auftauchen. Die Trauer wird uns nicht mehr überwältigen und ganz und gar in Besitz nehmen, sondern nur noch besuchen. Geben Sie Ihrem Kind den Freiraum, diese Erfahrung zu machen.

Rituale finden, die beim Trauern helfen

Trauer leben und Trauer in Worte fassen, das sind die wichtigen Aspekte für Eltern und Bezugspersonen kleiner Trauernder. Es gilt, sich von manchen Abläufen, Gewohnheiten, lieb gewordenen Facetten des Lebens zu verabschieden und den familiären Abläufen in manchen Bereichen eine neue Form zu geben, in der die Erinnerung an den verstorbenen Menschen weiterleben kann.

Wir durften eine Familie begleiten, deren Mutter Marion im Alter von 42 Jahren an Krebs gestorben war. Ihr Mann Marcus war mit den drei Söhnen zurückgeblieben: Jonas (15), Tom (12) und Fabian (6). Der Krebs war nach der Geburt von Fabian festgestellt worden, das bedeutet, die Familie durchlebte sechs sehr schwere und intensive Jahre mit der Krankheit. Sie schafften es, dass die Mama zu Hause im Kreise der Familie sterben konnte. Marion hatte sich ein »buntes letztes Fest« gewünscht, zu dem sich jeder so kleiden konnte, wie es ihm gefiel. Sie hatte sich gewünscht, dass die Gäste ihr Leben feiern und gleichzeitig auch traurig sein durften, dass es jetzt ohne Marion weitergehen musste.

Schon in den Jahren vor dem Tod der Mutter hatte jeder in der Familie seine festen Aufgaben bekommen. Der sechsjährige Fabian war inzwischen dafür zuständig, den Tisch zu decken. Nach dem Tod der Mutter deckte er wie selbstverständlich auch den Platz seiner Mama mit. Sein Bruder Tom reagierte total wütend darauf. Er nahm den Teller wieder weg und schnauzte den Jüngeren an: »Den brauchen wir ja wohl nicht mehr! Die Mama ist tot!«

Der Kleine begann zu weinen. Der Vater beruhigte alle. Er erklärte seinen Söhnen, dass es wichtig ist, zu schauen, wer in der Familie was genau braucht. Das muss nicht für alle das Gleiche sein: Fabian war es eben noch wichtig, in dieser Form an die Mama zu erinnern.

»Vielleicht schaffen wir es gemeinsam, das noch so lange zuzulassen, bis wir merken, dass er den nächsten Schritt gehen kann. Der ist dann vielleicht, dass wir den Teller nicht mehr hinstellen«, erklärte Marcus seinen Jungs. In dem Gespräch wurde klar, dass jeder seine eigenen Wege hatte, an die Mutter zu denken und eine Verbindung zu ihr aufrechtzuerhalten: Tom etwa hatte immer ein T-Shirt, das die Mama getragen hatte, in seinem Bett liegen. So konnte er ihr nochmal ganz nah sein, wenn er es brauchte. Jonas, der Älteste der drei, hatte die Gitarre übernommen, die der Mutter gehört hatte. So hatte jeder seine Art, mit der Trauer umzugehen.

Marcus erzählte uns ein Jahr später, dass der Kleine von heute auf morgen den Platz der Mutter nicht mehr mitdeckte, da sie ihn nicht mehr brauche. Alle waren bereit, auch die Sitzordnung am Esstisch zu verändern: Tom wollte jetzt auf dem Platz von Mama sitzen, Jonas auf dem, wo bisher Papa gesessen hatte … alles hatte eine »neue« Ordnung gefunden. Eine solche Veränderung braucht immer ihre Zeit und die sollte man sich unbedingt geben.

Wir erfahren von Trauernden immer wieder, wie sie sich Stück für Stück in das Leben ohne den Verstorbenen vortasten, ausprobieren, in sich hineinspüren, wann es Zeit ist, einen weiteren Schritt zu gehen und etwas zu verändern: Das kann ein Arbeits- oder Kinderzimmer sein, das umgeräumt oder neu genutzt wird. Oder ein Platz in der Wohnung, der gefunden wird, um dem Verstorbenen noch nahe sein zu können, vielleicht Papas Leseecke oder Mamas Lieblingssessel. Auch Kleidungsstücke oder bestimmte Gegenstände aus dem Besitz des Verstorbenen können mit Erinnerung aufgeladen werden, einen besonderen Platz und eine wichtige Bedeutung bekommen. Anfangs wird es vielleicht mit viel Schmerz und Trauer verbunden sein, diese Dinge zu sehen, zu berühren. Schritt für Schritt wird sich aber auch ein Gefühl der Freude und positiver Erinnerung einstellen. Es gibt zahlreiche Möglichkeiten, mit denen Kinder und Familien auf ganz vielfältige Arten ihrer Trauer Ausdruck verleihen und dem verstorbenen Menschen nach und nach einen sicht- und spürbaren Platz in einem neuen Lebensabschnitt einräumen können.

So hilft das Entwickeln gemeinsamer Rituale, immer wieder Ruhe- und Kraftpausen einzulegen, zu tun, was guttut und allen in der Familie dabei hilft, auf den Füßen zu bleiben. Sie finden in diesem Buch Anregungen und Ideen, deren hilfreiche Wirkung wir schon erlebt haben, wenn wir trauernde Familien begleiten. Vielleicht lassen Sie sich davon inspirieren, probieren einiges davon aus – oder entwickeln ganz eigene Rituale.

Der elfjährige Sandro spürte deutlich die großen Gefühle, die der Tod seiner Mutter bei ihm ausgelöst hatte. Gemeinsam machten wir uns auf den Weg, um einen Ausdruck für diese Gefühle zu finden und ihnen einen guten Ort und Rahmen zu geben. Sandro war sofort klar, dass er sie in einem Brief ausdrücken und diesen am Grab seiner Mama verbrennen wollte. So, da war er sich sicher, würde der Rauch zusammen mit seinen Worten in den Himmel steigen und dort, bei seiner Mutter, aufgehoben sein.

»Am Grab von Mama«,
Sandro, 11 Jahre

Letztlich zählt immer, was einer bestimmten Familie und dem Einzelnen liegt und guttut. Menschen sind unterschiedlich darin, wann und wie viel Raum sie für ihre Trauer benötigen, welche Gestalt sie ihr geben möchten und in welchem Rahmen dies geschehen soll. Jede Familie muss ihre eigene Balance finden, die für alle passt.

Wenn Sie Rituale ausprobieren, ist es deshalb hilfreich, miteinander zu sprechen: Seien Sie offen und machen Sie dabei ruhig die Individualität der Trauer zum Thema. Finden Sie gemeinsam heraus, was für Sie als Familie passt und welche anderen Dinge vielleicht nur dem einen oder der anderen guttun.

Besondere Tage begehen, schöne Erinnerungen weiterleben lassen

Todestage, Geburtstage verstorbener Menschen, Feiertage, an denen wichtige Rituale und familiäre Gewohnheiten den Tagesablauf bestimmten: Diese Tage haben auch in Zeiten der Trauer eine ganz besondere Bedeutung. Gerade im ersten Jahr durchleben Trauernde wichtige Schritte, weil nun alles erstmals ohne den Verstorbenen geschieht. Ein Kind begeht erstmals seinen Geburtstag, Ostern und Weihnachten ohne den geliebten Menschen, verbringt erstmals die Ferien ohne ihn und erlebt schließlich den ersten Todestag. Solche wichtigen Tage sind oft noch jahrelang mit traurigen Gefühlen besetzt. Für Kinder, aber auch für die Großen in der Familie. Viele Erwachsene haben deshalb den Impuls, das Gewicht dieser Tage zu ignorieren, die Bedeutung »unter den Teppich zu kehren« aus Sorge, dass es an diesem Tag besonders schwierig wird, die Trauer auszuhalten.

Hilfreicher ist es, diese Momente bewusst zu begehen, auch, indem man sie neu definiert: Die Familie kann gemeinsam überlegen, wie der

Stern auf der Spitze des Weihnachtsbaums dieses Jahr seinen Platz finden kann, wenn ihn bisher immer Maxi angesteckt hat. Auf welche Weise der erste Papa-Geburtstag ohne Papa gefeiert werden kann. Wie der Todestag von Oma begangen werden soll. Wie Lisas erster Geburtstag ohne Mama aussehen kann. Dabei ist wichtig, *dass* diese Themen vorkommen, weniger wichtig ist, *wie* sie es tun.

Wir möchten Sie ermutigen, nicht nur an den bedeutungsvollen Tagen über diese Aspekte nachzudenken, sondern zu einem alltäglichen Umgang mit Erinnerung und Trauer zu finden.

Die meisten Familien teilen viele schöne, lustige, manchmal auch schräge Erinnerungen an die Verstorbenen miteinander. Wie Papa damals das Schlafzimmer in der falschen Farbe gestrichen hat und wochenlang versuchte, allen einzureden, das sei doch ein schönes Blau, obwohl alle sahen, dass es lila war. Dass Lena-Marie immer neue Süßigkeiten-Verstecke angelegt hat und wie sie einmal trotz langem Suchen wochenlang ihre Lieblingsschokolade nicht wiederfand. Oder wie Oma immer mit dem Hund geschimpft hat, wenn der mit schmutzigen Pfoten von draußen in den Flur gelaufen kam, ihm dann aber trotzdem gleich noch ein Leckerli gegeben hat …

All diese kleinen Geschichten und Anekdoten dürfen weiterhin Raum einnehmen, erzählt und geteilt werden. Sie erhalten die Erinnerung an die geliebten Verstorbenen lebendig und können ein wohltuendes Gegengewicht bilden zu all den schmerzhaften Eindrücken, die in der Zeit des Sterbens und rund um den Tod aufgetaucht sind.

Denn es geht nicht darum, die Trauer und die Erinnerung zu verbannen, sondern einen neuen Platz für den Verstorbenen zu finden. Für die schwierigen Erinnerungen ebenso wie für die schönen. Dieser Platz, diese neue Beziehung zum Verstorbenen, soll für jeden Einzelnen und auch für die ganze Familie gefunden werden. Weitere Anregungen und Ideen, wie das gelingen kann, haben wir ab Seite 174 im Kapitel Rituale für Sie zusammengestellt.

»Papa in seinem Himmel«, Lucy, 8 Jahre

Die achtjährige Lucy lässt uns mit ihrem Bild an einer heilsamen Vorstellung teilhaben. Als ihr Vater noch lebte, hatte sie mit ihm am liebsten die Vögel im Garten beobachtet und gefüttert. Deshalb hat ihr Papa in seinem Himmel, in dem er auf einer wunderschönen weichen Wolke zu Hause ist, auch ganz viele Vögel zu Besuch, um die er sich kümmert.

Auf einen Blick

- Abschied und Trauer in den Alltag zu integrieren braucht Zeit und funktioniert nur Schritt für Schritt. Jeder Mensch, ob groß oder klein, hat hierbei sein eigenes Tempo und braucht individuelle Stützen und Hilfsmittel, um den nächsten Schritt zu gehen.
- Neue Rituale, Abläufe, zeitliche und räumliche Veränderungen kön-

nen solche Hilfsmittel sein auf dem Weg, die Trauer und den Verlust ins Leben zu integrieren.

- Vor allem Jahrestage sowie Zeiten und Tage, die im Leben des Verstorbenen und des Kindes besondere Bedeutung hatten, können durch Rituale bewusst gestaltet und so gewürdigt werden.
- Es hilft großen und kleinen Trauernden auch, gute Erinnerungen in Worte zu fassen und so lebendig zu erhalten.

Selbst trauern und gleichzeitig Halt bieten

»Lange saßen sie dort und hatten es schwer,
aber sie hatten es gemeinsam schwer, und das war ein Trost.
Leicht war es trotzdem nicht.«

ASTRID LINDGREN IN »RONJA RÄUBERTOCHTER«

Menschen, die für Kinder verantwortlich sind, werden in ihrem Leben oft Situationen begegnen, die sie herausfordern. Die Bedürfnisse der Kinder und die eigenen miteinander in Einklang zu bringen, ist ebenso anspruchsvoll, wie es der Alltag sein kann. Neben den Anforderungen von Haushalt, Beruf und allem anderen Zeit zu finden, um eine intensive und schöne Beziehung zu den Kindern aufrechtzuerhalten, fordert Eltern immer wieder heraus. Organisatorisch, vor allem aber menschlich.

Es fällt nicht schwer, sich vorzustellen, wie viel anspruchsvoller das Elternsein wird, wenn eine Ausnahmesituation wie ein Todesfall eine Familie fordert. Gerade wenn man selbst direkt betroffen ist, weil ein Elternteil, Bruder, Schwester oder der geliebte Lebenspartner stirbt, wird Trauer für die Eltern eines ebenfalls trauernden Kindes zu einem emotionalen Drahtseilakt. Schwierig und nur ganz sachte, Schritt für Schritt, zu bewältigen.

Auch Große dürfen trauern – sie sollten es sogar

Menschen aller Kulturen und Ethnien kennen das Phänomen Trauer. Doch was als »normal« erachtet wird, welche Trauer den Hinterbliebenen zugestanden wird und wie sie dabei von ihrer Umwelt begleitet und auch aufgefangen werden, das ist sehr unterschiedlich und stark geprägt von der Gesellschaft, in der die Betroffenen leben.

Wir haben in unserer heutigen modernen Gesellschaft in mancherlei Hinsicht unser Bauchgefühl verloren, das gerade in existenziellen Situationen, wie es die wichtigen Lebensübergänge sind, eine große Rolle spielt. Unser großes Sicherheitsbedürfnis führt dazu, dass wir auch unsere Kinder vor vielem schützen wollen, meist vor dem, was uns selbst herausfordert. Doch dieser Schutz ist auf Dauer gesehen nicht hilfreich. Zwar mag es im ersten Moment sinnvoll sein, behutsam mit Informationen umzugehen und die Kinder vor einem »Zuviel« zu schützen. Wenn Eltern ihrem Kind nicht sagen möchten, dass jemand stirbt oder gestorben ist, versuchen sie oft jedoch unbewusst, sich selbst zu schützen. Die Vermutung, ihr Kind könnte das nicht »aushalten«, gibt ihnen die Erlaubnis und Sicherheit, erst mal nichts zu sagen.

Bei unseren vielen Gesprächen kamen wir oft an diesen Punkt. Einige Eltern meinten, dass sie nichts gesagt hätten, weil sie selbst die ganze Situation, den Schmerz, die Ohnmacht nicht aushalten konnten. Und sie hatten das Gefühl, sie könnten es nicht ertragen, auch noch ihr Kind leiden zu sehen. All diese Ängste und auch die Überforderung sind zutiefst verständlich. Doch nur durch die Trauer kann ein Kind einen solchen Abschied bewältigen. So wie wir Erwachsenen auch.

Ein weiterer Aspekt, der einem natürlichen und gesunden Trauerprozess im Wege stehen kann, ist die Art, wie in unserer Gesellschaft mit der Zeit umgegangen wird. »Zeit ist Geld« heißt es gemeinhin und das drückt im Grunde schon treffend aus, wie wir Zeit empfinden: als etwas, was abrechenbar ist und knapp bemessen. Für individuelle Gefühle und derlei Unberechenbares bleibt da wenig Raum.

Während junge Eltern die »Elternzeit« zugestanden bekommen, um sich auf ein neues, anderes Leben einzustellen, wird Hinterbliebenen für den Abschied von einem geliebten Menschen gar keine Zeit mehr eingeräumt. Wo es früher das sogenannte »Trauerjahr« gab, sollen heute im Handumdrehen alle wieder zur Tagesordnung übergehen. Einfach wieder funktionieren. Und vor allem die anderen nicht mit ihrer Trauer und schwierigen Gefühlen behelligen. Dabei ist dieser Einschnitt ebenso tief: Ein Mensch, der immer an meiner Seite war oder an meiner Seite sein sollte, ist es nicht mehr. Das zu begreifen, sich auf das neue Leben einzulassen, braucht Zeit. Wie sehr wir versuchen, die Trauer aus unserem Leben zu drängen, zeigt die befremdliche Tatsache, dass die Krankenkassen vorgeben, dass nach einer kurzen Zeit intensive Trauer als Erkrankung einzustufen ist. Dabei ist Trauer alles andere als eine Krankheit. Es gilt vielmehr das Gegenteil: Nicht zu trauern, das kann krank machen.

Wir erleben in der Begleitung von Trauernden zudem, dass die Trauerkultur in einer Großstadt und auf dem Land sich stark unterscheiden kann: Während in den sozialen Strukturen kleinerer Gruppen häufig noch Rituale überleben und Ideen davon, wie Lebensübergänge gestaltet werden, ist der Tod in der Anonymität größerer Städte oft verbunden mit Isolation und Vereinsamung. Wer dort mit dem Tod in Berührung gekommen ist, wird oft in der ersten Zeit gemieden. Kaum jemand möchte darüber sprechen oder davon hören. Bekannte schauen auf der Straße weg, tun so, als hätten sie den Hinterbliebenen nicht gesehen … Wenn doch ein Gespräch nötig ist, wird das Thema Tod ausgeklammert. Oft sind nicht Gefühllosigkeit oder mangelnde Rücksicht die Gründe dafür, sondern Unsicherheit, Angst oder Scham. Aussagen wie: »Ich wusste nicht, was ich sagen soll« oder »Ich wollte Sie doch nicht daran erinnern …«, zeigen das.

Gerade in der Anfangszeit sehnen sich viele Betroffene nach einem Austausch. Wenn sie merken, dass er für andere kaum auszuhalten ist oder der Umgang mit dem Thema Tod schwerfällt, werden viele still und fangen an, es mit sich selbst auszumachen. Auch nach Monaten oder Jahren gibt es manchmal Situationen, in denen Betroffene über den Tod und den Verstorbenen sprechen möchten. Dies stößt oft auf noch mehr Unverständnis beim Umfeld, denn viele erwarten, dass die Trauer bald »erledigt« sein soll. Das Leben geht ja weiter …

Doch so funktioniert der Mensch nicht. Lebensübergänge brauchen Zeit. Auch rund um eine Geburt und bei anderen wichtigen Übergängen wie Abschieden, Trennungen und Umzügen brauchen wir Zeit, um im neuen Lebensabschnitt anzukommen. Vielen fällt es nach einem Todesfall schwer, die Trauer und den Abschied auszuhalten, als Teil des Lebens zu akzeptieren. Unsere Erfahrung zeigt jedoch, dass es nicht einfach weitergehen kann wie bisher. Auch wenn es äußerlich so scheinen mag, als wäre das möglich, kommt doch innerlich das Herz oft nicht mit. Deshalb ist der Trauerprozess sehr wichtig. Er gibt dem Herzen und dem Verstand die Chance, eine neue Ordnung zu schaffen.

Wenn viele Menschen rund um den Trauernden eingebunden sind, hilft das, die Trauer zu verarbeiten, indem er erzählen kann und gehört wird. Über das Sterben und den Tod zu sprechen, ist für viele Trauernde heilsam. Die Nachricht »dieser Mensch ist tot« muss irgendwann in das eigene Leben integriert werden. Der Hinterbliebene muss selbst begreifen: »Dieser Stuhl bleibt jetzt für immer leer.« Das ist unglaublich anstrengend und geht nicht von heute auf morgen.

Zeit und Gespräche sind nötig, um in dieses Begreifen, diese Gewissheit hineinzuwachsen. Wie viel Zeit nötig ist, das ist so individuell, wie wir Menschen es sind. Es gibt hierbei keine Fristen, keine Termine, die einzuhalten wären. Menschen, die nach einem Jahr das Kinderzimmer oder das Arbeitszimmer des Verstorbenen immer noch unangetastet gelassen haben, trauern nicht falsch. Besteht jedoch der Lebensinhalt nach einem Jahr *nur* noch darin, in diesem Zimmer zu sitzen, oder bricht man auch nach längerer Zeit in Tränen aus, wenn nur das kleinste Detail darin verändert wird, dann stockt der Trauerprozess. Sinnvoll ist es dann, sich Hilfe von außen zu holen. Vielleicht braucht man jemanden an seiner Seite, um die nächsten Schritte zu gehen, und das ist in Ordnung. Es kann ungesund werden, wenn »Stillstand« eintritt.

Uns ist es ein Anliegen, allen die Möglichkeit und den Mut zu trauern zurückzuerobern. Ja zum Leben und zur Trauer! Trauern ist eine gesunde und natürliche Reaktion auf einen Verlust. Sie kann bunt, kreativ und kraftvoll sein. Voller Leben, auch wenn man sich das vorher nicht vorstellen kann. Und offensichtlich gibt es immer mehr Menschen, die das ebenso empfinden. Während einerseits die Anonymität und das Verleugnen des Todes zunimmt – sichtbar etwa an der Zunahme anonymer Bestattungen –, erfahren wir in unserem Trauerinstitut, dass sich auch immer mehr Menschen der Trauer öffnen.

Die Farben der Trauer erleben

Oft ist von Phasen der Trauer die Rede. Dieser Begriff ist etwas irreführend, weil er suggeriert, dass der Trauerprozess geordnet, immer eins nach dem anderen, absehbar und überschaubar abläuft. Doch das ist nicht der Fall. Wir sprechen deshalb von den Farben der Trauer oder noch passender: von Traueraufgaben (siehe auch Seite 50).

Wir haben in all den Jahren immer wieder erlebt, wie unterschiedlich Trauer sich zeigt. Wie bunt und vielfältig sie ist. Wir möchten die Trauer deshalb hier gern bildlich darstellen. Viele Kinder bemalen bei uns den Sarg für ihre Mama, den Papa, Opa oder die Schwester. Sehr oft wird dabei neben dem Himmel und Herzen auch ein Regenbogen gemalt. Als Symbol für Tod und Trauer steht er nicht nur im Christentum, sondern auch in vielen anderen Kulturen.

Der Regenbogen taucht plötzlich auf, wie die vielen Facetten und Emotionen der Trauer – und er vergeht wieder. Er wird auch als Brücke zu einem anderen Ufer gesehen. Auch das symbolisiert, dass Trauernde einen Weg zu gehen haben, hin zu einem »neuen« Ufer, einem neuen Leben ohne den Verstorbenen. Auf diesem Weg begegnen einem all die vielen, unterschiedlichen Farben der Trauer. Auch die Entstehung eines Regenbogens spiegelt die Trauer wider: So trifft die Sonne als Sinnbild für Leben und Freude auf Regentropfen – symbolisch für die Tränen der Hinterbliebenen.

Jede einzelne Farbe steht für starke Empfindungen, die uns dazu bringen können, aus uns herauszugehen. Ihr Dasein soll nicht unbemerkt bleiben, im Gegenteil, sie wollen gehört und gesehen werden. Manche dieser Gefühle dauern länger an, andere sind nur von kurzer Dauer, was ihren Wert aber nicht schmälert. Ihren Zweck erfüllen sie trotzdem, indem sie uns von etwas befreien, das aus unserem Innern nach außen möchte. Es gibt auch »Farben«, die sich nur zeigen, wenn man sich sicher fühlt. Aus all den Emotionen entsteht eine bunte, schimmernde Erscheinung, die Trost, Hoffnung und Stabilität bringt – wenn man sie zulässt.

Der eigentliche Trauerschmerz ist nur ein Aspekt in der Trauer. Während des Trauerprozesses gibt es eine ganze Bandbreite intensiver Gefühle und somit Farben. Es treten neben körperlichen auch psychische Symptome auf, die teilweise an eine psychische Störung denken lassen und die mitunter auch negative Auswirkungen auf den Gesundheitszustand haben können. Dennoch gelingt der Trauerprozess in den meisten Fällen konstruktiv. Das psychische Gleichgewicht sowie die Fähigkeit, neue Bindungen einzugehen, wird nach einer erfolgreichen Trauerarbeit wiederhergestellt. Wird der Verlust verleugnet oder zum Lebensinhalt, deutet dies auf eine »ungesunde« Trauer hin.

Um Ihnen einen Einblick in diesen Regenbogen zu geben, möchten wir Ihnen die Farben der Trauer vorstellen, so wie sie die meisten erwachsenen Menschen, aber auch Kinder durchleben. Wobei man sich immer wieder daran erinnern sollte, dass Kinder anders trauern als Erwachsene, zum Beispiel weniger durchgängig als Erwachsene. Es ist jedoch auch für Kinder sehr wichtig, Verständnis für ihre Trauer zu bekommen. Denn über das Gefühl der Trauer lernt ein Kind den Verlust durch Tod zu verstehen. Dieser Lernprozess braucht dringend Erwachsene, die dem Kind und seiner gefühlsmäßigen Befindlichkeit gegenüberstehen, die weder etwas schönreden noch alles schwarzmalen.

Hier wollen wir uns nun aber den Farben der Trauer widmen, in denen Sie als Erwachsene sich womöglich wiederfinden und denen Sie als Betroffene auch dann den nötigen Raum geben sollten, wenn Sie sich zusätzlich um ein trauerndes Kind sorgen.

Die Farbe der Verleugnung – im Widerstreit der Gefühle

Viele Menschen reagieren auf den Tod mit einem Schock. »Das ist nicht wahr!« ist oft ein bestimmendes Gefühl bei Trauernden.

Die Traueraufgabe dabei: Den tiefen Fall aufzuhalten – und zunächst nur zu begreifen: Ja, es ist da, es ist mir passiert. Es geht jetzt darum, sich vom Toten zu verabschieden und immer wieder über das Geschehene zu sprechen, das schafft Realität. Der Verlust muss als Realität akzeptiert werden: Der Verstorbene kommt nicht wieder! Er ist tot. Erst wenn das angenommen wird, kann die eigentliche Trauer beginnen.

Die Farbe der Verzweiflung – Trauerschmerz

Diese Zeit ist voller extremer Emotionen wie Schuldzuweisungen, Schuldgefühle, Wut, Hass … der Hinterbliebene bäumt sich gegen das Schicksal auf. »Warum gerade ich?« ist die Frage, die viele Trauernde jetzt unablässig quält.

Die Traueraufgabe dabei: Jeder Eindruck braucht einen Ausdruck. Das bedeutet, dass Trauernde die Möglichkeit brauchen, ihre Emotionen zuzulassen, auszuleben und auch zu durchleiden. Am besten gelingt das, wenn man nichts in sich hineinfrisst, sondern dem Schmerz Raum geben kann: weinen, schreien, die Gefühle herauslassen und auf diese Art langsam die eigenen Grenzen wiederfinden.

Die Farbe der Vereinsamung – veränderte Welt

Das ist oft eine dunkle, tiefe Phase der Trauer. Erschöpfung und Resignation dominieren. Jeder Funke an Lebensmut scheint verloren, auch Gefühle wie Todessehnsucht können auftreten. In dieser Zeit drohen Krankheit und Depression, es ist die labilste und gefährlichste Zeit der Trauer – bei gutem Trauerverlauf aber auch der Wendepunkt!

Die Traueraufgabe dabei: Trotz des Wunsches, sich in sich selbst zurückzuziehen, stehen Trauernde nun vor der Aufgabe, sich gerade nicht zu verschließen und offen zu bleiben. Es ist heilsam, wenn es gelingt, die Nähe von Menschen zuzulassen, die einem guttun, Gefühle herauszulassen und nicht in der eigenen Trauer zu versteinern. Jetzt ist es wichtig, immer wieder zu reden, sich mitzuteilen über das, was in einem vorgeht. Es geht darum, mit dem Verlust umzugehen. Hierbei kann es helfen, die Wohnung neu zu gestalten, Aufgaben neu zu verteilen, neue Rituale zu finden oder bestehende zu verändern.

Die Farbe der Vergebung – akzeptieren und integrieren

Jetzt beginnt die Loslösung: Das Unabänderliche wird akzeptiert. Dem Trauernden wird klar: »Es ist geschehen, ich kann es nicht mehr ändern.« Eine große Sehnsucht nach Veränderung prägt diese Zeit, die Suche nach einem Neuanfang beginnt.

Die Traueraufgabe dabei: Das Leben muss nun ohne den Verstorbenen neu erfahren werden. Trauernde müssen sich eigene Wege ertasten, die veränderten Bedingungen akzeptieren, nicht mehr sinnlos dagegen ankämpfen. Der Verlust wird nach und nach ins Leben integriert und akzeptiert, man beginnt, eine neue Verbindung zum Verstorbenen zu leben.

Die Farbe der Versöhnung – einen neuen Ort finden

Wenn dieser Zustand der Trauer erreicht ist, bedeutet das, dass der Verlust des geliebten Menschen in das eigene Leben integriert worden ist. Endlich können Trauernde ihr Schicksal so annehmen, wie es ist.

Die Traueraufgabe dabei: Es geht darum, einen Weg zu finden, wie man den Verstorbenen im Herzen behalten und dabei das eigene Leben wieder mit Kraft und Optimismus entwickeln kann. Dazu gehört es, einen neuen »Ort« für den Verstorbenen zu finden – ob im Herzen, im Himmel, auf dem Friedhof oder in Form eines Sterns.

»Regenbogen«, Lara, 17 Jahre

Diese ganz verschiedenen Farben der Trauer hat Lara mit ihren 17 Jahren so treffend dargestellt, dass ihr Bild ganz deutlich die Vielfalt der Erfahrungen von Erwachsenen und fast erwachsenen Jugendlichen illustriert. Sie schreibt zu ihrem Bild:

»Meine Trauer ist ein Regenbogen. Denn Trauer ist nicht nur *ein* Gefühl, sondern viele unterschiedliche. Und nicht alle sind traurig, so wie ich früher immer gedacht habe. Es gibt ganz dunkle, aber auch helle Farben. Zum Beispiel bei einer schönen Erinnerung, wenn man die Liebe ganz deutlich spürt. Bei meinem Bild ist mir wichtig, dass man bei dem Regenbogen manchmal gar nicht sieht, wo die eine Farbe aufhört und die andere anfängt. So ist es bei der Trauer nämlich auch. In meinem Bild verbindet der Regenbogen zwei Seiten. Gute Erinnerungen und Traurigkeit zum Beispiel, oder das Leben und den Tod.«

Was Große brauchen, um für ihr Kind stark zu sein

Eltern sind Vorbild für ihre Kinder. An den Eltern machen Kinder ihr Weltbild fest. Wie man Beziehungen führt, mit Gefühlen umgeht, Probleme löst – all das erleben Kinder zum ersten Mal, indem sie ihre Eltern beobachten, die ihnen vorleben, wie Leben geht. Kinder erfahren durch ihre Eltern, worüber man lachen und weinen kann. Worüber man spricht – und wie. Worüber geschwiegen wird. Welche Werte wesentlich sind. Was man tut und was nicht …

Erst wenn Kinder älter werden, beginnen sie, dieses vorgelebte Leben auf den Prüfstand zu stellen. Aber selbst wenn sie dabei spüren, dass einige Vorlagen, die ihre Eltern ihnen mitgegeben haben, nicht optimal sind, haben sie oft erst viele Jahre später die Möglichkeit, eigene, neue Handlungsoptionen auszuprobieren.

Das bedeutet, Sie als Eltern haben die Chance, mitzugestalten, was

Ihr Kind über Trauer lernt, wie sicher es sich fühlt, welche Erfahrungen es mit den Gefühlen der Trauer macht. Vorbild zu sein heißt dabei nicht, als Eltern Gefühle unterdrücken zu müssen. Vor einem Kind zu trauern, ist völlig in Ordnung. Es ist in Ordnung, wenn auch die Mama immer wieder weinen muss und ihrem Kind erklären kann: »Ich bin einfach so traurig, dass der Papa nicht mehr da ist.« Sie zeigt damit: Das gehört dazu und ich weiß, wie das geht.

Zeigen Sie Ihrem Kind auch, wann es wieder besser ist: »Gerade war ich sehr traurig und habe um den Papa geweint. Jetzt ist es wieder besser.« Auf diese Art erfahren Kinder, dass Gefühle in Wellen kommen, stärker und wieder schwächer werden – dass sie endlich sind. Kinder sind häufig deshalb beunruhigt, wenn sie ihre Eltern sehr traurig erleben, weil sie es erstens nicht kennen und zweitens, weil kleine Kinder jedes Gefühl für unendlich halten. Das ist bedrohlich. Wenn dagegen erlebbar wird, dass die Großen auch dann die Großen bleiben, wenn sie traurig sind, dann hilft das den Kleinen sehr.

Das bedeutet, trauernde Eltern oder enge Bezugspersonen des Kindes müssen aufmerksam bleiben und immer wieder entscheiden: **wann – was – wie – vor wem?** Der Trauernde darf dem Kind seine Trauer zeigen, er muss es sogar. Aber er muss dennoch eine stabile Bezugsperson für das Kind sein und bleiben, damit es ein Stück Sicherheit behält.

Was ein Kind braucht, um diese Sicherheit zu bekommen, ist individuell sehr unterschiedlich: Jedes Kind reagiert anders und hat in den Tagen der Trauer ganz unterschiedliche Bedürfnisse. Für das eine Kind ist es wichtig, am Tagesablauf festzuhalten, in die Schule zu gehen oder in den Kindergarten, zum Sportverein oder Musikunterricht. Das gibt ihm Sicherheit, dort ist ein Ort, an dem es sich auskennt, an dem es nichts mit dem Tod zu Hause zu tun hat. Ein anderes Kind möchte lieber zu Hause bleiben, will alles gemeinsam mit der Familie erleben. Es kann auch sein, dass sich ein Kind wünscht, bei einer Freundin oder der Oma übernachten zu dürfen und dort den Tag zu verbringen. Es ist immer gut, wenn man den Kindern hier Wahlmöglichkeiten lässt und sich gleichzeitig dafür interessiert, *warum* das Kind dieses oder jenes gerade jetzt möchte – oder eben auch nicht. Auf diese Art spüren Kinder, dass sie wählen, ausprobieren und sich um sich selbst kümmern dürfen. Und die Erwachsenen können erkennen, ob ein Kind vielleicht bestimmte (womöglich auch unbegründete) Sorgen und Ängste hat und aus diesem Grund bestimmte Entscheidungen trifft.

Kinder und Jugendliche haben auch außerhalb ihres engsten Familienkreises wichtige erwachsene Bezugspersonen. Zum einen gibt es im Umfeld des Kindes Freunde der Familie, Patentanten oder entferntere Verwandte, also Menschen, zu denen das Kind persönliche Beziehungen hat. Hinzu kommen weitere Bezugspersonen wie Lehrkräfte und Erzieherinnen in Kindergarten, Schule oder Hort, Trainerinnen oder Lehrkräfte in Vereinen und viele mehr.

Vergessen Sie nicht, diesen Lehrerinnen, Erziehern oder auch Trainerinnen im Verein, der Schule oder im Kindergarten Bescheid zu geben. Das klingt selbstverständlich, wird tatsächlich aber häufig vergessen, weil die Familie verständlicherweise mit dem Todesfall und der Trauer schon genug zu tun hat.

Doch auch diese Personen sind davon betroffen, wenn mit ihnen verbundene Kinder und Jugendliche einen schmerzhaften Verlust erlebt haben und trauern. Natürlich sind sie nicht so direkt eingebunden wie etwa die Eltern des Kindes. Die etwas größere Distanz birgt jedoch auch besondere Chancen der Begleitung – ebenso wie ein paar Stolpersteine –, über die es sich lohnt nachzudenken. Um Kinder in der Trauer zu unterstützen, ist es wichtig, eben diese Bezugspersonen im täglichen Umfeld einzubeziehen. So können diese das Kind in den jeweiligen Lebensbereichen ebenfalls begleiten und es entstehen nicht noch weitere Belastungen für das trauernde Kind, weil jemand aus Unwissen unachtsam oder überfordernd ist. Es ist deshalb wichtig, dass das Umfeld eines Kindes darüber Bescheid weiß, wenn ein Todesfall passiert ist. So können diese Bezugspersonen dem Kind in der schwierigen Zeit eine sichere Gegenwelt anbieten, die stabil ist und vertraut.

Suchen Sie sich Unterstützung im nahen Umfeld. Falls Sie ein Mensch sind, der nur schwer um Hilfe bitten kann, ist das die Situation, in der Sie es lernen sollten. Welche weiteren Bezugspersonen des Kindes können Ihnen in dieser Zeit beistehen? Am besten gelingt das oft den Menschen, die nicht mit derselben Intensität von dem Todesfall betroffen sind wie Sie selbst. Vielleicht eine Tante oder ein Onkel des Kindes? Vielleicht auch die Eltern guter Freunde, die eine gute und sichere Beziehung zu Ihrem Kind haben? Vielleicht Nachbarn, die Ihr Kind gut kennen?

Nehmen Sie diese Menschen an Ihre Seite und bitten Sie sie darum, regelmäßig mit Ihrem Kind zusammen zu sein. Am besten ist es, wenn diese Helfer etwas tun, was sie vielleicht schon vorher mit dem Kind getan haben: Vielleicht gab es vorher schon regelmäßige Treffen und Unternehmungen mit eben diesen Menschen? Es ist egal, ob Ihr Kind mit ihnen liest, einen Film anschaut, zum Baden geht oder zum Fußballtraining begleitet wird, vieles ist möglich.

Sie schaffen sich auf diese Art Zeiten, in denen Ihr Kind behütet ist und Sie sich Ihrer eigenen Trauer widmen dürfen. Sie können das tun, wonach Ihnen ist: laut weinen, wütend sein, in ein Kissen boxen, schlafen oder sich bei Freunden aussprechen. Sie brauchen diese Zeit zum Trauern ebenso wie für Trauerpausen. Auch Ihr Kind bekommt so die Gelegenheit für Trauerpausen – Sie schenken ihm dadurch Momente, in denen es auch das »normale« Leben weiter spüren darf.

Suchen Sie als »große Trauernde« **die Unterstützung anderer Großer**, um Raum für Ihre eigene Trauer zu bekommen. Vielleicht können Sie sich an Freunde oder Verwandte wenden, oder aber Sie finden Hilfe in einer Trauergruppe.

Nehmen Sie sich immer wieder Zeit für sich selbst. Vielleicht erinnern Sie sich, was das Bordpersonal im Flugzeug rät, wenn es um die

Notfallmaßnahmen im Falle eines Absturzes geht? Es wird immer darauf hingewiesen, dass Erwachsene sich *zuerst selbst* die Sauerstoffmaske anlegen sollen und erst danach den Kindern, die in ihrer Nähe sitzen, dabei helfen sollen. Es liegt auf der Hand, warum: Wenn die Großen selbst nicht mehr handlungsfähig sind, können sie den Kleinen auch nicht mehr helfen. Wenn Sie also das Gefühl haben, sich keinen Raum und keine Zeit für Ihre eigene Trauer erlauben zu dürfen, machen Sie sich bewusst, dass Sie genau das tun müssen, um auch weiter für Ihr Kind da sein zu können.

Seien Sie gut zu sich selbst. Akzeptieren Sie, dass es in dieser Zeit auf und ab geht. Dass nicht alle Tage gleich sind. Nehmen Sie liebevoll Rücksicht auf sich selbst und auf Ihr Kind. Tragen Sie sich Tage, an denen es nicht so gut gelaufen ist, nicht nach. Erlauben Sie sich auch gute Momente, in denen der Schmerz nicht im Vordergrund steht.

Denken Sie voraus. Überlegen Sie, welche Zeiten, welche Tage vielleicht für Sie und Ihr Kind schwierig werden könnten. Holen Sie sich die Menschen an Ihre Seite und an die Ihres Kindes, die Ihnen guttun. Überlegen Sie auch, wem an solchen Tagen Ruhe und wem Aktivität helfen kann, und planen Sie im Voraus entsprechende ruhige oder aktive Phasen ein.

Definieren Sie Halt und Rahmen. Manchen Menschen hilft es, einen haltgebenden Tagesplan zu haben, besonders in Zeiten, in denen alles anders ist und Orientierung schwerfällt. Denken Sie an Zeiten für Erledigungen, aber auch an Phasen der Ruhe, Zeiten mit Ihrem Kind – und ebenso an Zeiten mit Menschen, die **für Sie selbst wichtige Bezugspersonen** sind. Vielleicht fällt es leichter, bestimmte Vorhaben einzuhalten, wenn sie fest in einem Kalender stehen oder Sie sich dazu verabreden (etwa eine Trauergruppe).

Vielleicht ist es gerade eine Überwindung, vor die Tür zu gehen, versuchen Sie es trotzdem und holen Sie sich Gesellschaft, wenn es dann leichterfällt. **Frische Luft** und Bewegung können helfen, bei sich zu bleiben.

Achten Sie darauf, dass **Essen und Trinken** nicht in Vergessenheit gerät.

Seien Sie kreativ. Es gibt viele verschiedene Möglichkeiten, die Sie sowohl für die Auseinandersetzung mit der Trauer als auch zum Kraftsammeln nutzen können. Vielleicht tut es Ihnen gut, ein Tagebuch zu führen. Vielleicht gestalten Sie eine Erinnerungskiste oder entdecken kleine Rituale, die jeden Tag die Verbindung zu Ihrem geliebten Menschen spürbar machen.

Sammeln Sie immer wieder Kraft. Tun Sie das auf allen Ebenen: Welche Gedanken tun Ihnen gut und wo finden Sie diese? In einem guten Buch? In einem lustigen Film? Welche Naturgeräusche, welche Musik bringt Ihnen gerade ein wenig Ruhe? Welches Bild verbindet Sie mit Humor oder Hoffnung? Welche Tätigkeit bringt Kraft, Ablenkung oder Besinnung? Wie können Sie Ihrem Körper guttun? Welchen Geruch oder Geschmack mögen Sie?

Lassen Sie sich Zeit. Lassen Sie sich nicht von außen unter Druck setzen – und tun Sie es auch nicht selbst. Trauer und Wandel brauchen Zeit und Raum. Trauer vergeht nicht schneller, wenn wir versuchen, sie dazu zu zwingen.

Suchen Sie die richtigen Verbündeten. Sprechen Sie mit anderen Betroffenen. Sie können sie in einer Trauergruppe finden, in Onlineforen, unter Bekannten … Umgeben Sie sich mit Menschen, die Ihnen guttun. Manchmal wartet Trauer mit einer Überraschung auf. Menschen, mit denen man sich eng verbunden fühlte, sind nicht immer die richtigen Weggefährten in dieser Zeit. Vielleicht weil sie selbst zu stark betroffen sind, hilflos werden, kein Verständnis haben oder sich zurückziehen. Schauen Sie gut, wen Sie an Ihrer Seite möchten und ob dieser Mensch dafür gerade verfügbar ist. Oft führt Trauer zu ganz neuen Verbindungen. Verbindungen zu Menschen, die dieses Thema, aber weniger Geschichte miteinander teilen.

Falls Sie an Grenzen stoßen, die Sie auch mithilfe der Menschen um sich herum nicht überwinden können, **suchen Sie sich professionelle Unterstützung** (hilfreiche Adressen und Kontakte finden Sie ab Seite 189 im Anhang). Falls Sie nicht sicher sind, wo die gesunde Trauer aufhört und welche Anzeichen oder Symptome anzeigen, dass Hilfe von außen nottut, finden Sie im ersten Kapitel ab Seite 25 einige Hinweise, die bei der Einschätzung helfen können.

Wie professionelle Bezugspersonen helfen können

Der Tod ist früher oder später Teil eines jeden menschlichen Lebens. Es ist deshalb gut, wenn sich Menschen, die in irgendeiner Form Bezugspersonen für Kinder sind, schon frühzeitig mit kindlicher Trauer befassen. Erzieherinnen und Erzieher, Lehrerinnen und Lehrer können darüber nachdenken, wie sie Kinder in einer solchen Situation hilfreich unterstützen können. Dabei sollte man auch seine eigene Haltung genauer betrachten, die eigenen Gedanken und Gefühle zum Tod. Darüber, wie wir selbst mit dem Tod umgehen und wovor wir in diesem Zusammenhang vielleicht Angst haben – all das kann schon bedacht werden, bevor ein konkreter Trauerfall eingetreten ist.

Dann wissen wir schon, dass Trauer ein Teil der Biografie bleiben darf, dass Kinder manchmal nur scheinbar unberührt sind vom Schmerz, dass nach einem Jahr nicht alles wieder im Lot ist und dass es nicht darum geht, »über etwas hinwegzukommen«, wenn wir einem betroffenen Kind begegnen. Leider sind das nämlich noch immer falsche Annahmen, mit denen Kinder nach einem Todesfall konfrontiert werden und die eine Zeit, in der sie Verbindung und Orientierung brauchen, noch zusätzlich zum Spießrutenlauf machen können.

Es geht vor allem darum, die **Balance** zu halten. Die Situation der Trauer sollte also weder ignoriert noch überbetont werden. Wenn

Kinder gefragt werden, welches Verhalten ihrer erwachsenen Bezugspersonen ihnen in schwierigen Trauerzeiten geholfen hat, antworten sie oft, dass eine **Mischung aus Mitgefühl und Normalität** als besonders stabilisierend empfunden wurde. Alles andere wird schnell als befremdlich oder belastend wahrgenommen.

Der zehnjährige Luca erzählt dazu: »Du kannst dir nicht vorstellen, wie viele getan haben, als sei gar nichts passiert. Kannst du das glauben? Sie haben es einfach ignoriert! Und die anderen haben über gar nichts anderes mehr geredet, so als sei ich gar kein normaler Junge mehr. Kann man beides nicht aushalten.«

Kindern zu zeigen, dass wir um sie wissen, dass wir an sie denken, **für sie da sind**, wenn sie etwas brauchen, aber **dennoch ganz normal** mit ihnen umgehen werden, das schafft große Entlastung für beide Seiten. Ein Raum, in dem anerkannt wird, wie anders alles gerade ist, und in dem trotzdem auch immer wieder Pause sein darf. So ein Raum, in dem alles so normal wie möglich ist, kann eine enorme Kraftquelle sein.

Nach einem Verlust sind Kinder in der Regel ohnehin sehr viel und intensiv mit der Abwesenheit der verstorbenen Person konfrontiert, müssen den eigenen Schmerz und auch die Trauer der anderen Familienmitglieder aushalten. Ein **Gegengewicht** – ohne jedoch das Thema auszuschließen – kann dann ein wertvolles Angebot sein. Es ist gut, dabei im besonderen Maße darauf zu achten, wonach dem Kind gerade ist, und auch, wie viel Kraft überhaupt in dem Moment zur Verfügung steht. Leistung sollte in dieser Zeit nicht im Vordergrund stehen. Eine gute Basis können Große jetzt schaffen, indem sie zwar **eigene Vorschläge** machen, dann aber **flexibel reagieren**, wenn Kinder andere Ideen haben.

Falls Sie unsicher sind, was einem Kind gerade guttut, **fragen Sie** es. Eine gemeinsame schöne Unternehmung, wenn Kraft und Lust ausreichen, kann wesentlich hilfreicher sein als ein Gespräch über den Tod oder gar intensives Nachfragen, welche schmerzhaften Gefühle das Kind beschäftigen. Geben Sie dem Kind aber auch wenn Sie sich etwas besonders Schönes ausgedacht haben die Möglichkeit, offen auf den Vorschlag zu antworten, ohne dass es Angst haben muss, Sie zu kränken.

Wenn Bezugspersonen mit einer klaren Haltung und der eigenen inneren Überzeugung, dass Trauer nichts Gefährliches ist, offen mit trauernden Kindern umgehen, können sie wertvolle Wegbegleiter sein.

Die 13-jährige Annelie war nach dem Tod ihrer Mutter oft mit der Oma zusammen und berichtete über sie: »Es ist komisch. Ganz am Anfang haben wir darüber gesprochen, dann aber eigentlich nur noch selten. Ich wusste ja, dass sie es weiß. Dann waren wir einfach immer im Garten und haben gepflanzt und so … Und wenn ich traurig war, hat sie es gesehen und mir Kakao gemacht. Mama-Kakao.«

Eine gewisse Vorbereitung hilft Lehrerinnen, Erziehern und anderen Bezugspersonen auch, Missverständnisse und Verletzungen zu vermeiden: So sollten sie die Daten kennen, die für das trauernde Kind wichtig sind, wie etwa den Todestag und den Geburtstag des Verstorbenen, den ersten Geburtstag des Kindes nach dem Verlust, Mutter- oder Vatertag sowie Elterntage in der Einrichtung. Vielleicht können Sie gemeinsam mit der Familie, zusammen mit dem Kind eine Liste dieser Daten machen und diese – natürlich nur nach Absprache mit dem Kind und seiner Familie – an andere Lehrkräfte, in den Hort oder in andere für das Kind wichtige Bereiche weitergeben. Gut ist es auch, vor bestimmten Veranstaltungen, die das Thema berühren könnten, den Umgang mit demselben abzustimmen: So könnten Sie fragen, ob das Kind zum Muttertag auch etwas für die Mama basteln möchte, wenn diese verstorben ist, um es ans Grab zu bringen. Oder man stimmt ab, wer nach Papas Tod an seiner Stelle zum »Vätertag« kommt.

Bezugspersonen in Schulen, Kindergärten oder Vereinen sollten unbedingt auch darauf achten, wie die anderen Kinder mit dem trauernden Kind umgehen und was in der Gruppe der Kinder geschieht: Kinder werden von Gleichaltrigen nach Todesfällen unter Umständen nicht nur nett und verständnisvoll behandelt, sondern geärgert, in die Enge getrieben, mit dem Thema gehänselt oder ausgeschlossen. Wie bei allen anderen Themen, mit denen Kinder gehänselt und gepeinigt werden, gilt es auch in diesem Fall, dass Erwachsene das konsequent unterbinden. Hier hilft es zuallererst, selbst klare Haltung zu zeigen, und zwar mit der Begründung, dass das Hänseln nicht in Ordnung ist und nicht geduldet wird, egal mit welchem Thema ein Kind geärgert wird. Der Fokus liegt auf »Hänseln ist nicht o.k.« und nicht auf »Max trauert«.

Auf einen Blick

- Intensive Gefühle wie die Trauer nach einem solchen Verlust machen den meisten Menschen Angst. Die Trauer anzunehmen und die damit verbundenen Entwicklungsschritte zu gehen, ist jedoch die einzige Möglichkeit, den Verlust zu realisieren, die schwierige Erfahrung in das eigene Leben zu integrieren und schließlich eine neue Form der Beziehung zum Verstorbenen zu finden.
- Wie die Trauer aussieht, wie lange sie anhält und in welchen Formen sie auftritt, ist so individuell, wie wir Menschen es sind. Wir bezeichnen die unterschiedlichen Aspekte und Situationen der Trauer als »Farben der Trauer«. Manche Farben der Trauer können auftreten, müssen aber nicht. Manche wiederholen sich, andere versucht man zu verdrängen.
- Trauer braucht Zeit. Man kann sie nicht »wegmachen«. Der Wendepunkt der Trauer besteht nicht darin, dass sie aufhört, sondern dass man sich mit ihr arrangiert. Sich auf die neue Situation einlässt.
- Große brauchen Zeit für sich. Um selbst zu trauern und um stark für ihre Kleinen zu bleiben.

- Auf die Balance kommt es an: Die Großen dürfen sich auch traurig zeigen, leben ihren Kleinen vor, wie Trauer geht, und geben ihnen so Halt und Orientierung.
- Um als Große die Zeit der Trauer durchleben zu können, kann und soll die Unterstützung durch andere Große genutzt werden; enge Bezugspersonen des Kindes ebenso wie das weitere Umfeld.

Wenn der Tod ganz plötzlich kommt

So laut, die Stunden nach dem Aufschlag, als es galt,
das alles zu erfassen und verstehen, und es war so laut,
dass alles, was wir dachten, nichts als Leere zu uns brachte,
so laut und so verloren war es hier,
als Stille bei uns wohnte anstatt dir.

AUS DEM LIED »STILL« VON JUPITER JONES

Endlich waren sonnige Ferientage gekommen. Wochenlang war das Wetter traurig und trübe gewesen, doch heute war es so weit: Leni (10) und ihr Bruder Paul (8) hatten mit ihrer Mama Eva das Schwimmbecken im Garten aufgebaut und die Freunde, die nicht gerade anderswo im Urlaub waren, für den Nachmittag zum Baden eingeladen. Es würde ein wunderbarer Tag werden!

Eva alberte mit den Kindern herum, froh über den unbeschwerten Sommertag. Die letzte Zeit war für die Familie von Sorgen überschattet gewesen. Lenis und Pauls Papa hatte vor drei Monaten seinen kleinen Betrieb schließen müssen. Der Traum von der Selbstständigkeit war gescheitert, die finanzielle Situation der Familie katastrophal. Der Sommerurlaub hatte abgesagt werden müssen, Eva und ihr Mann Sven hatten straffe Sparpläne gemacht, um finanziell wieder auf die Füße zu kommen. Zunächst würde Sven bei seinem Schwiegervater in den Betrieb einsteigen, dann würde man gemeinsam weitersehen.

Als mit spitzem Stift das Budget gecheckt worden war, hatte sich schnell gezeigt: Auch Svens Motorrad musste weg. Ein Luxus, den er sich nicht mehr leisten konnte. Eva hatte Sven vorgeschlagen, wenigstens noch eine Abschiedstour mit dem geliebten Bike zu unternehmen. Sven hatte gern zugestimmt. Zusammen mit seinem besten Freund war er am frühen Morgen für eine letzte Fahrt in die Berge aufgebrochen.

Die Polizei traf gleichzeitig mit den Freunden der Kinder ein, die zum Baden kamen.

Sven hatte in einer Kurve die Kontrolle über seine Maschine verloren und war vor den Augen des Freundes mit seinem Motorrad unter die Leitplanke gerutscht. Er war sofort tot gewesen.

Ein plötzlicher Tod – etwa nach einem Unfall, Infarkt, Suizid oder einer Gewalttat – stellt die Hinterbliebenen vor eine andere Situation als ein Tod nach längerer Krankheit. Er nimmt ihnen die Möglichkeit, sich im Vorfeld mit dem Abschied von einem wichtigen Menschen auseinanderzusetzen und innerlich sowie äußerlich vorbereitende Schritte zu gehen, die den späteren Abschied tragen helfen.

Der unvorhersehbare Schmerz und die Mischung aus einem **Ringen um Begreifen** und einem **verzweifelten Auflehnen** gegen das Unumstößliche kosten unendlich viel Kraft und bringen intensive Gefühle von Fassungslosigkeit, Ausgeliefertsein, Betäubung, aber auch Wut mit sich. Das Gefühl von Unwirklichkeit kann lange anhalten.

Klemens, dessen Tochter Lina bei einer Klassenreise durch einen Unfall starb, beschreibt das so: »Das Telefon klingelt und ich soll glauben, dass alles, dass mein ganzes Leben, nie mehr in Ordnung sein wird? Ich hatte die Wahl, nicht mehr an unser Leben oder nicht an das Telefonat zu glauben. Es war einfacher, nicht an das Telefonat zu glauben.«

Solche plötzlichen Verluste bergen also zahlreiche **Belastungsfaktoren** in sich. Wenn das Verständnis, das Menschen von sich und ihrer Welt hatten, dauerhaft erschüttert bleibt, können sich Traumasymptome entwickeln (siehe Kapitel 1, Seite 27), die verhindern, dass Trauer ein gesunder Teil der eigenen Biografie werden kann. Die Plötzlichkeit des Verlustes ist also an sich bereits eine besondere Schwierigkeit. Hinzu kommt, dass eben diese Plötzlichkeit nicht nur die Kinder direkt betrifft, sondern auch die Erwachsenen. Wohl jeder wird in dieser Situation an – und unter Umständen über – seine Grenzen gebracht. Ihre Großen, die Erwachsenen um sich herum, so **tief hilflos** zu erleben, verunsichert Kinder dann wiederum umso mehr.

Für die betroffenen Erwachsenen können die Kinder zeitweilig zum einzigen Grund für das eigene **Durchhalten** werden. So wie es Nina, die Mama des vierjährigen Linus, beschreibt: »Wenn ich ehrlich bin, für mich selbst hätte ich mich nicht so angestrengt. Am liebsten hätte ich einfach aufgegeben. Aber dann habe ich an den Kleinen gedacht … und dann bin ich halt doch wieder aufgestanden.«

Bei den betroffenen Kindern kann es in dieser Situation dazu kommen, dass sie versuchen, ganz besonders viel **Rücksicht** auf die Großen zu nehmen. Dann stellen Kinder und Jugendliche den eigenen Schmerz eher zurück, nehmen ihn nur zum Teil wahr, versuchen, besonders gut zu funktionieren, oder investieren viel Kraft in Ablenkung, um das schmerzhafte Thema in Schach zu halten.

Wissenslücken sind für uns Menschen nur schwer auszuhalten. Etwas zu glauben und als Wahrheit anzunehmen, das höchst schmerzhafte Relevanz für das eigene Leben hat und von dem man sich nicht selbst überzeugen kann, ist extrem schwierig. In diesen Fällen versucht die menschliche Psyche, das Geschehene mit allen Mitteln einzuordnen. Das kann durch Grübeln, exzessives Sammeln von Informationen, die intensive Beschäftigung mit eigener oder fremder Schuld oder auch in Träumen geschehen. Nicht selten träumen Menschen, denen eine Todesnachricht überbracht wurde, sehr intensiv und in verschiedenen Rollen von Situationen, die sie nicht selbst miterlebt haben.

Warum der Abschied nach einem plötzlichen Tod besonders wichtig ist

Die Hinterbliebenen werden durch den Schock des plötzlichen Todes oft buchstäblich gelähmt. Hinzu kommt, dass unzählige bürokratische Abläufe drängen und alles, noch bevor man für Trauer auch nur einen Moment Zeit hatte, schon »erledigt« sein muss. Viele Hinterbliebene nehmen deshalb die Tage nach dem Tod wie durch einen dicken Schleier wahr, sie haben gar keine Chance, nur im Ansatz zu begreifen, was gerade geschehen ist – und schon ist der Verstorbene bestattet und das Leben rundum geht unerbittlich weiter. Dabei brauchen gerade auch diese Trauernden den Abschied so dringend. Jeder Tod stellt uns vor die schwere Aufgabe, das Gehörte und Mitgeteilte zu erfassen. Die Nachricht, dass ein geliebter Mensch nicht mehr lebt, wird zuerst nur vom Kopf her erfasst. Das Herz aber kann das nicht verstehen: Eben war dieser Mensch doch noch da, es ist unmöglich, dass er jetzt tot sein soll! Während bei einem Tod nach Krankheit oder am Ende eines langen Lebens zumindest ein kleines Stück Vorbereiten möglich ist, bleibt dies dem Herzen nach einem plötzlichen Unglücksfall gänzlich verwehrt. Deshalb ist jetzt die Chance auf einen Abschied vom Verstorbenen besonders wichtig, damit das Unbegreifliche begreifbar wird: Den toten Körper des Verstorbenen zu sehen und zu berühren, ihm etwas mit in den Sarg zu geben, den Sarg zu bemalen und so das Gefühl zu bekommen, noch etwas für den Verstorbenen tun zu können, ihn ein letztes Mal zu umsorgen. Und auch erstmals langsam begreifen zu können, dass er tatsächlich tot ist. Ein solcher Abschied ist häufig die erste Gelegenheit, überhaupt Gefühle zu spüren, die mit dem Verlust einhergehen. Diese Gefühle sind oft sehr intensiv. Das ist gleichzeitig ein Signal, dass die Verbindung zwischen Kopf und Herz wieder da ist und die ersten Schritte aus einer Schockstarre hin zu einer gelebten, aktiv gestalteten Trauer gegangen werden. Auch Kinder brauchen diesen Schritt des Abschieds.

Viele Große scheuen aber davor zurück, Kinder aktiv einzubeziehen. Vor allem nach Unfällen hören wir oft die Befürchtung, dass der Körper des Toten so entstellt sein könnte, dass ein Abschied unauslöschlich schlimmste Bilder und Erinnerungen prägen würde. Damit wir Abschiede auch nach Unfällen möglich machen können, ist in unserem Haus ein Praktischer Thanatologe tätig. Ihm ist es meist möglich, die Wunden der Verstorbenen so zu versorgen, dass ein versöhnlicher Abschied möglich wird. Selbst in Fällen, in denen man spontan schon beim Anhören des Unfallhergangs sagen würde, dass der Tote sicher völlig entstellt sei, war das fast nie der Fall.

Natürlich bereiten wir alle Hinterbliebenen auf jegliche Veränderungen nach dem Tod und auch auf den Anblick von Verletzungen vor, die eventuell doch sichtbar sind. Aus unserer Erfahrung können wir sagen: Das eigentliche Problem sind unsere Vorstellungen davon, wie der geliebte Mensch im Tod aussehen wird. Unsere Fantasie gebiert die schlimmsten Bilder. Diese durch die Bilder eines tatsächlichen Abschieds zu ersetzen, ist eine große Chance.

Suizid – ein Tod, der viele Fragen offenlässt

Helena war mit ihren beiden Kindern Jule (4) und Elias (6) im Wohnzimmer, als sie es im Dachboden rumpeln hörten.

»Na, der Papa räumt da oben wohl mal wieder um«, meinte Helena. Sie bügelte weiter, die Kinder spielten. Zehn Minuten vergingen. Vom Dachboden war nun gar nichts mehr zu hören, Helena beschlich ein eigenartiges Gefühl. Sie ging nach oben.

Thomas hing an einem der Dachbalken. Er hatte sich erhängt.

»Weg. Die Kinder müssen weg!«, war Helenas erster Gedanke. Sie rannte zurück ins Wohnzimmer und versuchte, ruhig zu bleiben. Irgendeine Ausrede fiel ihr für die Kinder ein, sodass sie die beiden zu Susanne bringen konnte, einer Nachbarin, mit der sie gut befreundet war.

»Dem Thomas geht es nicht gut«, brachte Helena nur heraus.

»Mama, warum schaust du denn so komisch?«, fragte die kleine Jule noch.

Thomas hatte seit Jahren Depressionen gehabt. Er hatte es nicht geschafft, sich helfen zu lassen, zog sich immer mehr zurück. Immer häufiger gab es Streit. Dennoch hatte Helena gehofft, am Ende würde sich alles zum Guten wenden.

Das also war nun das Ende: Thomas hatte am Computer einen Abschiedsbrief hinterlassen, in dem er schrieb, dass er der Familie nicht mehr zur Last fallen wolle. Er könne nicht mehr weiterleben. Er gehe jetzt dorthin, wo es keine Gefühle mehr gebe …

Ein paar Stunden später, als die Polizei und der Bestatter weg waren, saß Helena mit Susanne, einigen anderen Freunden und den Kindern im Wohnzimmer. Sie hatte es nicht geschafft, den Kindern zu sagen, was tatsächlich passiert war. Sie erzählte ihnen nur, dass Papa ja schon sehr lange krank gewesen und jetzt daran gestorben sei.

Die Kinder stellten viele Fragen. »Wer bringt mich jetzt zum Fußball?«, wollte Elias wissen. Doch sie machten sich auch sehr konkrete Gedanken über Papas Tod:

»Wie ist Papa denn gestorben? Hat er die Luft angehalten?«

»Hat er sich einfach hingelegt?«

Helena wurde immer unsicherer und wand sich um jede Antwort herum, was auch die Kinder immer unsicherer werden ließ. Sie fühlte sich schrecklich.

Als die junge Mutter am nächsten Tag zu uns kam, sprachen wir über die Situation. Wir rieten ihr, vor allem ehrlich zu sein. Gemeinsam erarbeiteten wir eine Erklärung, mit der Helena sich selbst so sicher fühlte, dass das Gespräch mit den Kindern keine unerträgliche Angst mehr in ihr auslöste.

Helena setzte ihr Vorhaben gleich am Abend noch um: Sie setzte sich zusammen mit den Kindern aufs Sofa, Jule auf ihrem Schoß und Elias fest in ihrem Arm. Dann erzählte sie den beiden: »Ich muss euch etwas sehr Wichtiges und Trauriges erklären. Ich musste erst selbst ein bisschen darüber nachdenken, darum spreche ich jetzt erst mit euch. Ich habe euch ja gestern erklärt, dass der Papa eine Krankheit hatte. Diese Krankheit hat dazu geführt, dass er sich selbst mit Absicht so wehgetan hat, dass sein Herz aufgehört hat zu schlagen und er gestorben ist.«

Oft spüren Hinterbliebene nach einem Suizid neben Fassungslosigkeit und riesiger Trauer auch Schuldgefühle. Und sie kämpfen mit unzähligen Fragen, die keine Antworten finden. Alle diese Fragen laufen meist hinaus auf ein großes: **Warum?**

Der Tote hat sich – so oft das Gefühl der Hinterbliebenen – entzogen, ein Verstehen unmöglich gemacht. Ein Verstehen, warum dieser finale, unwiderrufliche Schritt gegangen wurde. Nach einem Suizid bleiben die anderen hilflos zurück.

Etwa 10 000 Menschen nehmen sich in Deutschland jährlich das Leben. 10 000 Mal erleben Angehörige und Freunde – durchschnittlich sind fünf bis acht Personen unmittelbar betroffen – den Schmerz, dass sich ein geliebter Mensch für den Tod entschieden hat. Ganz besonders tief trifft ein Suizid der Eltern: Bei nahezu jedem Kind oder Jugendlichen entsteht dadurch fast zwangsläufig der Gedanke, dass man selbst wohl nicht gut genug war, nicht genug geliebt wurde, um den Eltern Grund zu geben, am Leben zu bleiben. Auch wenn das natürlich nie der Grund ist: Ein Suizid hat oft mit psychischen Problemen zu tun, die für die meisten gesunden Menschen jenseits des Begreifens liegen. Umso unbegreiflicher sind sie für Kleine.

Die sechsjährige Ella erzählte nach dem Suizid ihres Vaters: »Margret hat von ihrem Papa das Barbie-Traumhaus zum Geburtstag bekommen …« Mit Tränen in den Augen fuhr sie fort: »… aber der hat sie auch lieb.«

Kinder und Jugendliche brauchen besonders in solchen Situationen Unterstützung, sie müssen das Unbegreifliche erklärt bekommen. Und sie brauchen jetzt mehr als jemals sonst Sicherheit. Am besten finden sie diese in den Menschen, die ihnen zuverlässig zur Seite stehen und sie darin unterstützen, das Unfassbare nach und nach zu verstehen und trauern, begreifen und diese schlimme Erfahrung in ihr Leben integrieren zu können.

Ein Suizid lässt Menschen ohnehin mit viel Ungewissheit zurück. Kindern sollte diese Situation nicht noch weiter erschwert werden, indem ihnen etwas verheimlicht wird. Ungewissheit ist für uns Menschen nur schwer auszuhalten. Deshalb ist Ehrlichkeit sehr wichtig, ebenso aber eine zuträgliche Balance. Überfrachten Sie Ihr Kind nicht mit Informationen, es muss nicht alles sofort verstanden und bis ins Detail genau erklärt werden. Signalisieren Sie Offenheit und orientieren Sie sich dann an den Fragen, die das Kind wirklich stellt, und nicht so sehr an Ihren eigenen Gedanken, Fragen und Sorgen. Lassen Sie dem Kind Zeit, sich mit dem zu beschäftigen, was es erfahren hat. Zeigen Sie, dass Sie bereit sind, alle Fragen zu hören.

Die kindliche Trauer und Verarbeitung nach einem Suizid im Umfeld ist ein sehr komplexes Thema, das hier nur angerissen werden kann. Kinder beschäftigen in dieser Situation neben den eigentlichen Traueraufgaben viele zusätzliche und tief reichende Fragen. Darunter zum Beispiel:

- Wie konnte es dazu kommen? Warum ist das passiert?
- Hat irgendjemand Schuld daran? Vielleicht sogar ich?
- Kann das wieder passieren, mit anderen Menschen, die wichtig für mich sind?
- Was soll ich sagen, wenn mich jemand fragt?
- Wie kann ich selbst damit umgehen, wenn ich das Leben schrecklich finde?
- Was bedeutet Depression, Psychose …?

Es ist wichtig, gute Antworten auf diese Fragen zu finden. Sie legen die Trittsteine, auf denen Kinder einen weiteren, sicheren und guten Weg gehen können. In der Verzweiflung selbst erdachte Antworten, einsame oder in der Not gefundene, eher schädliche Überzeugungen können den weiteren Weg zusätzlich und unnötig erschweren. Dieses Kapitel kann nur ein Einstieg sein. Holen Sie sich für diese wichtigen Fragen Unterstützung!

Die richtigen Worte finden

Um zu verdeutlichen, was wir betroffenen Kindern erklären, nehmen wir hier als Beispiel den Suizid eines Vaters:

- Im Kopf von Papa war es aus bestimmten Gründen immer *laut und voll.*
- Wenn es in einem Kopf lange Zeit immer laut und voll ist, kann er sehr *durcheinanderkommen*.
- Ein Kopf, der sehr durcheinander ist, findet es schwierig zu erkennen, welchen *lauten Gedanken* er glauben kann und welchen nicht.
- Der Kopf von Papa hat den *lauten Gedanken geglaubt*, dass es besser ist, nicht mehr zu leben.
- Deshalb hat er *mit Absicht etwas getan*, damit sein Herz aufhört zu schlagen.

Es kann verschiedene Gründe dafür geben, dass ein Kopf lange Zeit laut und voll war: eine Krankheit wie Depression, zu viele schmerzhafte Gefühle, mit denen jemand alleinblieb, eine Psychose, eine Persönlichkeitsveränderung … Diese Gründe müssen im Einzelnen angeschaut und dem Kind erklärt werden. Wir legen sehr viel Wert auf Erklärungen, die individuell und umsichtig auf die jeweilige Geschichte der Familie eingehen, sodass sich Fragen klären und Ängste zur Ruhe kommen. Für diese weiterführenden Themen kann niemand nur eine einheitliche Lösung oder Formulierung anbieten, die **für alle** passt. Bitte holen Sie sich Beratung (Adressen und Kontakte siehe Anhang Seite 189)!

Bei allem tief empfundenen Verständnis für das Leid, das einer Entscheidung zum Suizid vorausgeht, ist es präventiv sehr bedeutsam, Kindern beizubringen, dass andere Entscheidungen möglich sind, wenn es im Kopf laut und voll wird und laute Gedanken auftauchen. Zum Beispiel, sich jemandem anzuvertrauen, Hilfe zu holen, mit einem Arzt oder Psychologen zu sprechen … Der Verstorbene konnte diese Möglichkeiten aber nicht mehr sehen oder erkennen. Damit lernen Kinder: **Nicht der Mensch war »falsch«, nur hat er einen lauten Gedanken geglaubt und konnte keine andere Lösung mehr sehen.** So wird das Thema Suizid nicht tabuisiert, sondern als Folge erklärt. Zudem kön-

»Liebhaben«, Jannis, 7 Jahre

nen Bezugspersonen dann glaubhaft erklären, dass sie zwar gerade traurig und aufgewühlt sind, ihr Kopf aber nicht dauernd so laut und voll ist. Dass sie mit ihren Gefühlen nicht allein bleiben, dass sie Unterstützung holen, wenn sie Hilfe brauchen, und dass sie wissen, dass laute Gedanken nicht immer wahr sind und wie sie mit ihnen umgehen können. Das lindert die Angst eines Kindes, dass sich auch andere wichtige Menschen suizidieren könnten. Ermutigen Sie Ihr Kind, mit Ihnen zu sprechen, falls es selbst einmal nicht wissen sollte, ob Gedanken falsch oder richtig sind.

Jannis war erst sieben, als er sich damit auseinandersetzen musste, was zum Suizid seiner Mutter geführt hatte. In der Begleitung lernte er zu verstehen, was »in Mamas Kopf los war« und dass seine anfängliche Sorge, seine Mama habe ihn vielleicht nicht lieb genug gehabt, unbegründet war. Zu seinem Bild sagt er: »Mit dem Liebhaben war alles in Ordnung, das sieht man auf den ersten Blick, weil das rote Herz so groß ist.«

Machen Sie sich keine Sorgen, wenn Sie das Gefühl haben, Ihr Kind versteht nicht jedes Wort Ihrer Erklärung. Ihre Sicherheit wird wiederum Sicherheit vermitteln und Ihr Kind kann beruhigt in eine gemeinsame Erklärung hineinwachsen.

Viele Angehörige, egal welchen Alters, quälen sich mit der schmerzlichen Frage, ob ein Suizid Beweis dafür ist, dass der Verstorbene seine Familie, seine Kinder nicht lieb genug gehabt habe, um diese Entscheidung nicht zu treffen. Doch »laute Gedanken« und Entscheidungen, die aus ihnen folgen, entstehen im Kopf. Das ist auch für jüngere Kinder schon begreifbar. Gedanken wie »Papa hat mich nicht lieb genug gehabt« können so gut relativiert werden.

Die Aussage von Jan (10) zeigt, wie sehr diese Erklärungen Kinder entlasten können: »Meine Oma sagt ständig: ›Wie konnte er dir das nur antun? Seinem einzigen Kind?‹ Sie hat nicht verstanden, was das Problem von Papa war. Mit dem Liebhaben hatte er nämlich überhaupt keins. Da war er eins a!«

Bei einem Suizid, der aus einer psychischen Erkrankung erwachsen ist, nutzen wir oft das Bild von Fahrer und Auto: Der Körper ist das Fahrzeug, mit dem der Mensch seine Reise auf Erden bewältigen kann. Der Fahrer ist das, was den Menschen an sich eigentlich ausmacht. Wenn eine Psychose einen Menschen stark verändert, hat diese charakterliche Veränderung nicht mit dem Fahrer selbst zu tun, sondern mit dem Fahrzeug. Unsere Haltung ist, dass jeder Papa, jede Mama, jeder Mensch viel, viel mehr ist als sein Handeln, mehr als sein Suizid, mehr als seine Depression.

Lunas Vater Steffen hatte Angst vor Verfolgern, nahm unsichtbare Bedrohungen wahr und verschanzte erst nur sich, dann auch seine Familie vor einer unsichtbaren Gefahr. Das war vor drei Jahren schon mal so gewesen, damals hatte Steffen eine massive psychotische Episode durchlebt.

Für die zehnjährige Luna und ihre Mutter war es ein großer Schock, als die Symptome nun wieder auftraten und sich diesmal schnell immer weiter verschlimmerten. Auf Beruhigungsversuche reagierte Steffen erst irritiert, dann zunehmend aggressiv und mit der Überzeugung, nun auch von der eigenen Familie bedroht zu werden. Immer wieder verschwand er stunden-, dann tageweise, schrie seine Frau und Tochter an, wenn sie sich sorgten oder fragten, wo er gewesen sei.

Luna schlief schon, als an einem warmen Sommerabend die Polizei und ein Kriseninterventionsteam an der Haustür klingelten. Ihr Vater hatte sich in einem nahen Waldstück durch einen Kopfschuss suizidiert.

Nach solchen dramatischen Ereignissen bleiben viele Fragen offen. Es ist in Ordnung, wenn Sie nicht alle sofort beantworten können, sondern sich die Fragen eines Kindes erst einmal anhören. Bestätigen Sie, wie wichtig diese sind, und sagen Sie, dass Sie selbst erst über die Antwort nachdenken müssen oder dass Sie momentan die Antwort nicht kennen. Es ist normal, bei diesen Themen unsicher zu sein. Mit welcher Antwort lege ich ein sicheres Fundament für das Thema und mit welchen

Antworten verschlimmere ich vielleicht die Situation noch zusätzlich? Denken Sie in Ruhe nach und kommen Sie dann auf die Fragen des Kindes zurück. Holen Sie sich ruhig Unterstützung für diese Erklärungen.

Auch falls Sie spüren, dass Sie selbst mit den Themen Depression, psychische Erkrankungen und Suizid Probleme haben, ist es gut, sich Hilfe zu suchen: Kinder spüren es, wenn die Erwachsenen etwas erzählen, woran sie selbst nicht glauben. Und in dieser Situation – gerade, wenn Sie selbst trauern und mit den Umständen des Todes hadern – kann Unterstützung die nächsten Schritte erleichtern.

Ungünstige Formulierungen

Es gibt Erklärungen, die im ersten Moment gut gemeint sind, im weiteren Verlauf aber eher Ängste und Verunsicherung bei Kindern schüren, als diese aufzulösen.

Vermeiden Sie Aussagen wie: »Tims Lebensenergie war aufgebraucht, da hat er sich umgebracht.« So ein Satz schürt die Angst, dass sich Menschen suizidieren, weil ein unsichtbarer Füllstand unter ein geheimnisvolles Minimum gesunken ist. Woher soll das Kind wissen, wie es um Ihre, um die eigene Lebensenergie steht?

»Die Oma hatte Seelenkrebs, daran ist sie gestorben.« Viele Kinder haben nur eine ungenaue Vorstellung davon, was Krebs ist. Das allein erfordert in der Regel einige Erklärung, selbst bei Kindern, die wirklich von Krebs betroffen sind. Die heilsame Gewissheit, dass Oma mehr war als ihr Suizid, dass es einen heilen, friedlichen, gesunden Teil gibt (siehe Seite 149), zu dem Verbindung gehalten werden kann und darf, wird mit dieser Erklärung beschädigt. Zudem verschweigt sie die eigentliche Tatsache des Suizids, was dem notwendigen offenen Umgang mit diesem schmerzhaften Thema entgegensteht.

Die 14-jährige Nina fasst in Worte, was die Bezeichnung Seelenkrebs bei ihr auslöste: »Nichts, gar nichts war mehr übrig nach dem Gespräch! Omas Körper lag tot im Sarg und ihre Seele? Na, die war ja anscheinend auch nicht in Ordnung. Nichts bleibt einem da noch.«

Auf einen Blick

- Noch stärker als bei einem Tod nach Krankheit schlägt bei einem plötzlichen Tod – etwa nach Unfall, Infarkt oder Suizid – das Schicksal wie ein Blitz ein. Das Begreifen des Todes stockt, die Verbindung zwischen Kopf und Herz funktioniert in diesem Moment nicht mehr.
- Deshalb ist der Abschied am offenen Sarg bei plötzlichem Tod besonders wichtig. Dieser Abschied bietet Gelegenheit, ein Begreifen anzubahnen.
- Ein Tod nach Suizid ist besonders schwer zu begreifen. Wichtig ist, dass Kindern offen und ehrlich erklärt wird, was passiert ist – in kindgerechten Worten. Dabei ist darauf zu achten, dass man ungünstige Formulierungen vermeidet, da diese ein Kind noch stärker belasten können.

Zusätzliche Herausforderungen für Groß und Klein

»Solange die Eltern leben, sind wir noch Kinder,
die den Tod nicht ernst nehmen.
Doch wenn sie sterben, ist es gleichsam, als ob eine Wand,
die uns vom Tode trennte, weggerissen würde.«
CHRISTIAN FÜRCHTEGOTT GELLERT

Wenn Eltern sterben – Ängste und Sorgen

Einen Elternteil zu verlieren, ist in jedem Lebensalter ein starker Einschnitt, ganz gleich, ob das Verhältnis harmonisch oder konflikthaft war. Für Kinder ist dieser Verlust besonders schwer. Lange Zeit herrschte die unzutreffende Meinung, dass insbesondere sehr junge Kinder den Tod ihrer Eltern schnell vergessen. Der Gedanke dahinter war, dass sie einen Verlust, den sie noch nicht verstehen, auch nicht als solchen empfinden und es deshalb am besten wäre, sich möglichst wenig mit der Abwesenheit des fehlenden Elternteils auseinanderzusetzen, um sozusagen das »Vergessen« zu unterstützen.

Diese Annahme ist lange widerlegt. Kinder sind **abhängig** von ihren Eltern. Je jünger sie sind, umso stärker sind sie auf ihre primären Bezugspersonen, häufig Mutter und Vater, angewiesen. Sie benötigen ihre Großen, um sich zu verbinden und zu orientieren, die eigenen Gefühle zu verstehen und zu regulieren und nicht zuletzt, weil sie versorgt werden müssen, physisch und psychisch. Primäre Bezugspersonen stehen im Leben jedes Kindes für Sicherheit, Versorgung und Überleben. Mithilfe der Menschen, die früh und in enger Verbundenheit die ersten Lebensschritte begleiten, lernen kleine Menschen sich selbst, die Welt und ihren Platz in dieser zu begreifen. Es liegt auf der Hand, warum die Verbindung zu diesen Menschen für Kinder existenziell ist und warum sie ein Leben lang bedeutsam bleibt.

Das **Bindungsverhalten** von Kindern soll sicherstellen, dass der Kontakt zu den primären Bezugspersonen nicht abreißt. Wenn diese Bindung durch den Tod eines Elternteils gekappt wird, bedeutet dies einen andauernden leidvollen Stresszustand. Die Beantwortung und Beruhigung dieses anhaltenden Trennungsschmerzes und der intensiven Sehnsucht werden weitere Bezugspersonen des Kindes enorm fordern. Eine Herausforderung, die umso größer ist, je betroffener diese Personen selbst von dem erlebten Verlust sind.

So befinden sich Kinder nach dem Verlust eines Elternteils in einer **doppelt schwierigen Lebenssituation**. Der Tod an sich bedeutet den Verlust eines der wichtigsten Orientierungspunkte. Das führt zu einem verstärkten Orientierungsbedürfnis, das in Richtung weiterer Bezugspersonen gerichtet ist, die aufgrund der Belastung unter Umständen viel herausgeforderter und weniger verfügbar sind.

Ein so massiver Verlust wie der eines Elternteils beeinflusst die Biografie stark. Die Anpassung an den Verlust ist nicht einfach irgendwann abgeschlossen, sondern wird das Kind als **Lebensthema** und als Integrationsaufgabe bei weiteren Entwicklungsschritten begleiten. Keinesfalls sollten Kinder auf den Verlust von Mutter oder Vater reduziert werden, ein Unterschätzen der Thematik ist aber ebenso gefährlich.

Die Möglichkeit der **konstanten Verbindung und Orientierung** an wichtigen Bezugspersonen und die **Offenheit**, mit der über den Tod eines Elternteils gesprochen werden darf, sind schützende Faktoren, ebenso die **stabilisierende Unterstützung** – entweder persönlich oder professionell – der Erwachsenen.

Auch Emma hat aus ihrer eigenen Erfahrung gelernt, wie wichtig es ist, nicht allein zu sein, sondern jemanden an seiner Seite zu haben, wenn etwas sehr Trauriges passiert. Sie malt in ihrem Bild den Moment, in dem ein Kind seinen kranken Papa besuchen möchte und erfährt, dass dieser verstorben ist. Emmas Figuren halten sich dabei fest an den Händen.

Als der achtjährige Paul vom Tod seines Papas hörte (siehe Seite 139 f.), drehte er sofort das Wasser ab, das immer noch in das Schwimmbecken lief. »Das können wir uns jetzt nicht mehr leisten«, meinte er dazu.

»An den Händen halten«, Emma, 10 Jahre

Für Erwachsene erscheint oft verwirrend, was für Kinder naheliegend ist. Dass viele Kinder auf den Tod der Eltern zusätzlich zu vielen anderen Gefühlen mit ganz praktischen Sorgen und Ängsten reagieren, liegt daran, dass sie in vielerlei Hinsicht auf ihre Eltern angewiesen sind – je jünger Kinder sind, umso stärker. Es ist deshalb wichtig, auch diese Fragen, die vielleicht »technisch« oder gefühllos erscheinen, zugewandt zu beantworten. Beruhigen Sie Kinder auch dahingehend, dass ihr Leben überhaupt wie gewohnt weitergehen kann.

Das sind einige Beispiele für kleine und große Fragen und Ängste der Kinder:

- Können wir hier wohnen bleiben?
- Wer bezahlt jetzt alle Rechnungen?
- Muss Mama jetzt immer arbeiten?
- Wenn Mama jetzt arbeiten geht, wer passt dann auf uns auf?
- Kann ich noch zum Reiten gehen?
- Wer bringt mich jetzt zum Fußball?
- Wer macht jetzt die Pfannkuchen?
- Und was ist, wenn du jetzt auch stirbst?

Verheimlichen – keine gute Idee

Johann, der Vater der kleinen Lene, war im Februar wie in jedem Jahr voller Vorfreude zur alljährlichen Skitour mit seinen drei besten Freunden aufgebrochen. Seine Frau Bettina und die gemeinsame Tochter Lene verabschiedeten ihn herzlich. Lene würde erst im April drei Jahre alt werden, sie hatte noch eine sehr kindliche Vorstellung von Zeit und Abschieden und wann der Papa wieder da sein würde. Sie winkte dem Papa nach, der zu den Freunden ins Auto stieg. Ein allerletztes Mal. Lenes

Papa kam nie zurück. Er starb unter einer Lawine, der seine Freunde knapp entkamen. Tagelang suchte man nach ihm, bis man seinen Körper schließlich fand, verschüttet unter den Schneemassen.

Ein halbes Jahr später wusste Lene immer noch nicht, dass ihr Papa tot war. Ihre Mama hatte die meisten Kontakte zum bisherigen Umfeld abgebrochen und Lene erzählt, dass der Papa noch unterwegs sei. Irgendwann fühlte sich die Situation immer absurder an – und gleichzeitig schien eine Auflösung immer unmöglicher zu werden. Der Papa war ein ferner Mensch, der auf Skiern durch die Berge fuhr, immer weiter. Womöglich würde er eines Tages zurückkehren? Die Mama sprach nicht darüber, wollte es nicht – das spürte Lene, die alleinblieb mit ihrer Fantasie vom fernen Papa.

Lene war inzwischen in den Kindergarten gekommen. Bettina, ihre Mama, war an einem Punkt angekommen, an dem sie wusste, dass sie sich mit ihrer Erklärung in eine Sackgasse manövriert hatte. Das war der Moment, in dem sie bei uns in der AETAS Kinderstiftung anrief. Sie schilderte uns, wie sie aus Angst, Lene unwiderruflichen Schaden zuzufügen, es zuerst wochenlang nicht über das Herz gebracht hatte, ihr die Wahrheit zu sagen. Und irgendwann hatte sich alles so angefühlt, als sei es längst zu spät für eine Umkehr geworden. Bettina spürte, dass die Situation absurd und belastend war, aber sie hatte einfach die ganze Zeit keinen Ausweg gefunden, aus »Papa ist noch unterwegs« ein »Papa lebt nicht mehr« werden zu lassen. Anfangs hatte sie noch damit gerechnet, dass Lene ihren Papa irgendwann »vergessen« würde. Bettina schämte sich und war verzweifelt.

Das Verheimlichen oder Tabuisieren von Themen wie Krankheit, Sterben, Trauer und Tod macht es Kindern sehr schwer – manchmal unmöglich –, sich in einer verunsichernden Zeit zurechtzufinden. Angst und Unsicherheit haben bei Menschen, vor allem bei Kindern, immer eine Auswirkung: Sie wollen sich verbinden, orientieren, suchen Schutz und Trost. Wenn Themen aber gar nicht oder nur »hinter vorgehaltener

Hand« existieren, gleichzeitig aber (oder gerade dadurch) große Angst machen, bringt das betroffene Kinder in eine fast unlösbare Notlage. Sie suchen nach ihren Großen, aber gerade ihre Großen sind es, die etwas verheimlichen, den eigenen Schmerz leugnen oder signalisieren, dass Themen nicht da sein dürfen. Das erzeugt schlimmstenfalls eine tiefe Orientierungslosigkeit und Verwirrung sowie das Gefühl, »ganz allein« zu sein.

Wenn Verunsicherung in weichenstellenden Lebensabschnitten die größte Rolle spielt und Kinder mit ihr alleinbleiben, kann die Einordnung von Sterben und Tod stark erschwert sein oder sehr ungünstige Wege nehmen. Denn »Lernen, wie das geht« findet dann unter schwierigsten Bedingungen und ohne äußere Hilfe statt. Dann kann es sein, dass der erlebte Verlust immer wieder Angst und Vermeidung auslöst, statt in ein »Zu-mir-Nehmen« überzugehen. Aber nur durch dieses »Zu-mir-Nehmen« können Erinnern, Trauer, Abschied und Neufindung letztlich ein nicht nur schmerzhafter, sondern auch kostbarer Teil der eigenen Geschichte werden.

Wenn etwas verschwiegen oder verheimlicht wird, steckt dahinter in erster Linie der Wunsch, den anderen zu schützen und bloß nichts falsch zu machen. So war es auch bei Bernd, einem Papa, der viele Monate nach dem Tod seiner Frau bei der AETAS Kinderstiftung anrief. Er schilderte, dass er aus Angst, seinem Sohn unwiderruflichen Schaden zuzufügen, es immer noch nicht über das Herz gebracht habe, ihm zu sagen, dass seine Mama sich suizidiert hatte. Er hatte das klare Gefühl, dass er einen Fehler gemacht hatte, und schilderte, dass die Situation immer absurder werde und er keinen Ausweg mehr habe. Er habe sich jedoch so geschämt, als Papa keine bessere Lösung gefunden zu haben, dass er sich erst jetzt melde. Er hoffe, für sein Verhalten nicht verurteilt zu werden.

Wenn ein aus Rücksichtnahme, Unsicherheit oder schlicht Unwissenheit eingeschlagener Weg Schwierigkeiten macht, ins Unterholz führt und immer weiter Kraft kostet, wenn der Gedanke »hätte ich doch bloß« auftaucht, wünschen wir Familien sehr, dass sie nicht verzweifelt versuchen, ihn weiter auszuhalten, sondern Unterstützung in Anspruch nehmen. Das Schlimmste ist nicht, in guter Absicht einen Fehler zu machen, sondern wenn Familien oder Bezugspersonen sich nicht mehr trauen, Unterstützung einzufordern, wenn es bereits an entscheidenden Punkten in eine schwierige Richtung gegangen ist.

Alle Bezugspersonen wollen das Beste für ihre betroffenen Kinder, davon gehen wir aus. Bei emotional überwältigenden Themen, insbesondere, wenn Große selbst betroffen und in ihrer Verantwortung den Kleinen gegenüber gefragt sind, laufen alle Gefahr, Fehler zu machen. Jedem Menschen kann es passieren, nach bestem Wissen und Gewissen zu entscheiden und letztlich dennoch eine ungünstige Entscheidung zu treffen. Das ist normal. Solche Situationen selbstverständlich und auf den ersten Anlauf fehlerlos zu meistern, ist nicht in unserer üblichen elterlichen Kompetenz enthalten. Es ist in Ordnung, hierbei Hilfe zu brauchen, einen Rat einzuholen, sich rückzuversichern.

Deshalb – selbst, wenn es schon richtig schwierig geworden ist: Richtungen können geändert, Schritte (anders) nachgeholt werden. Das ist alles nicht in Zement gegossen, das passiert vielen Menschen!

Die richtigen Worte finden

Falls Sie dieses Buch in den Händen halten und selbst in der Situation sind, dass ein verschwiegener, geleugneter Tod, eine ungünstige Erklärung oder Geschichte Ihr Leben und das Ihres Kindes überschattet, möchten wir Sie ermutigen, sich auf den Weg aus dieser Situation heraus zu machen. Es mag Ihnen schwierig, vielleicht gar unmöglich erscheinen, den ersten Schritt zu tun. Doch es ist den Versuch auf jeden Fall wert. Sie werden sich danach wahrscheinlich sehr erleichtert fühlen, weil eine große Last von Ihnen genommen und die Nähe zu Ihrem Kind wieder ungetrübt möglich ist.

Sprechen Sie mit Ihrem Kind, auch wenn zwei, drei oder mehr Jahre vergangen sind. Egal wann, Fehler können korrigiert werden. Tun Sie das, wenn Sie spüren: Das war nicht der richtige Weg. Wie genau diese Kurskorrektur aussehen kann, kann nicht in allgemeingültigen Empfehlungen festgehalten werden, jede Situation ist individuell und sollte auch so betrachtet werden. Die einzigen beiden »Richtlinien«, die wir Ihnen mit auf den Weg geben möchten, sind: Bleiben Sie ab jetzt unbedingt bei der Wahrheit. Und: Wenn Sie keine Antworten wissen, unsicher werden oder wenn Sie mit Fragen oder Reaktionen überfordert sind, holen Sie sich Unterstützung.

Wenn Sie das Gespräch mit Ihrem Kind suchen, sagen Sie ihm, was tatsächlich geschehen ist, und versuchen Sie ihm zu erklären, warum Sie ihm damals nicht die Wahrheit gesagt haben. Lenes Mama Bettina könnte ihrer kleinen Tochter sagen, dass ihr Papa verunglückt ist und sie selbst so traurig darüber war, dass sie es Lene nicht sagen konnte. Auch, weil sie glaubte, Lene würde es noch nicht verstehen. Bettina könnte auch sagen, dass sie danach nicht wusste, wann sie es Lene sagen sollte. Und dass es ihr sehr leidtäte.

Ähnlich wie Bettina hatte sich auch Yanniks Vater Bernd in eine Sackgasse manövriert. Das wurde ihm unmissverständlich klar, als Yanniks Grundschullehrerin das Gespräch mit Bernd suchte und diesen eindringlich bat, mit seinem Sohn zu sprechen. Der neunjährige Yannik war nach dem Unterricht zu ihr gekommen und hatte sie gefragt, wie das sei, wenn Menschen sich selbst töten. Nach dem Gespräch hatte Yannik seiner Lehrerin noch erklärt, sie dürfe aber seinem Papa nichts davon sagen.

Bernd hatte zunächst verärgert reagiert und war stur bei dem Standpunkt geblieben, Yannik wisse nichts vom Suizid seiner Mutter. Abends erzählte er seiner Schwester Silke, wie schockiert er gewesen war, als er hörte, dass Yannik sich so von ihm alleingelassen gefühlt hatte, dass er lieber mit seiner Lehrerin über den Suizid seiner Mutter gesprochen hatte. Silke antwortete, dass sie an Yanniks Stelle auch nicht zu Bernd gekommen wäre. »Du machst doch sofort zu. Hast du wirklich gedacht, er hat aufgehört zu fragen, weil er vergessen hat, was los war?«

Bernd meldete sich daraufhin voller Selbstvorwürfe, Zweifel und Angst bei uns in der Kinderstiftung. Wir erarbeiteten gemeinsam, welche Worte den Suizid von Yanniks Mutter ausdrücken könnten. Erstaunlich schnell fand Bernd zu einer großen Sicherheit in der Erklärung, was seine Betroffenheit fast noch verstärkte. »Wenn ich das gewusst hätte, hätte ich uns nicht alle zusammen in diese Situation manövriert. Über Monate lüge ich ihn eigentlich an. Und wir haben doch nur noch uns.«

Der nächste Schritt war die Vorbereitung auf mögliche Reaktionen Yanniks. »Was, wenn er sauer ist? Total enttäuscht?«, das waren Bernds größte Ängste.

»Könnten Sie verstehen, wenn er sauer wäre?«, fragten wir zurück.

»Ja, klar«, antwortete Bernd sofort.

»Gut, das ist alles, was es braucht.«

Wir haben die Erfahrung gemacht, dass diese Haltung sehr hilfreich ist: Rechnen Sie mit der Wut und Enttäuschung des Kindes und geben Sie Raum dafür. Versuchen Sie nicht, sich reflexhaft zu rechtfertigen. Besser ist es, wenn Sie Verständnis für Vorwürfe signalisieren und später alles Notwendige erklären. Es ist in Ordnung, Fehler zu machen, und es ist wichtig und möglich, zu ihnen zu stehen. Dafür müssen Sie sich weder hart noch unterwürfig zeigen. Bleiben Sie aufrecht und auch in dieser Situation Vorbild.

Bernd sprach schon wenige Tage später mit seinem Sohn. Sie setzten sich an den Küchentisch und Bernd sagte Yannik, dass er etwas

Wichtiges und Trauriges mit ihm zu besprechen habe. Außerdem wolle er sich entschuldigen.

Dann begann er: »Vor einem halben Jahr habe ich dir erst erzählt, Mama sei überraschend auf eine Geschäftsreise gegangen. Dann habe ich dir gesagt, sie sei dort plötzlich krank geworden und gestorben. Ich habe damals nicht gewusst, wie ich dir erklären soll, was wirklich passiert ist, das tut mir sehr leid. Jetzt weiß ich es besser und erkläre dir, wie Mama wirklich gestorben ist.«

Yannik antwortete bereits nach diesen einleitenden Worten: »Ich wusste, dass sie nicht weggefahren ist. Sie fährt nie ohne ihr Handy weg. Da war sie schon tot.«

Bernd erklärte seinem Sohn, was wirklich geschehen war. Beide weinten während des Gesprächs. Yannik wirkte weniger enttäuscht oder wütend, sondern sehr viel mehr erschöpft. Unter Tränen sagte er dann: »Das hättest du nicht tun dürfen, mich anlügen, immerhin war sie meine Mama!«

Bernd berichtete uns später, dass ihm die gemeinsame Vorbereitung des Gesprächs mit uns besonders an dieser Stelle half, sich nicht zu rechtfertigen, die Wut seines Sohnes nicht zu fürchten oder abzuwehren. Er antwortete ihm: »Das stimmt, Yannik. Das war nicht in Ordnung. Ich habe damals nicht besser gewusst, wie es geht.«

Wir möchten Ihnen hier noch einige weitere Sätze vorstellen, die Ihnen helfen können, im Gespräch Brücken zu bauen und sich Ihrem Kind zu erklären:

- »Ich hatte Angst, etwas falsch zu machen, dir wehzutun.«
- »Das war falsch, es tut mir leid.«
- »Ich habe selbst nicht gewusst, was richtig ist, jetzt weiß ich es.«
- »Die Erklärung, die ich selbst bekommen habe, war nicht richtig. Jetzt habe ich mich schlau gemacht.«

Wir möchten Ihnen Mut machen: Auch, wenn ein Kind in dieser Situation womöglich erst einmal mit Enttäuschung, Ärger, Wut oder großer Traurigkeit reagiert, wird dieser erste wichtige Schritt Ihnen beiden helfen, zueinander zu finden.

Auf einen Blick

- Wenn Eltern sterben, ist das für Kinder besonders erschütternd. Jetzt sind auch solche Ängste und Sorgen von Kindern wahrzunehmen und anzuerkennen, die Erwachsenen auf den ersten Blick schwer nachvollziehbar erscheinen.
- Werden Sterben, Trauer und Tod oder die Umstände des Todes tabuisiert oder verheimlicht, kann das bei Kindern eine tiefe Verunsicherung auslösen und ihnen die Möglichkeit nehmen, Erfahrung mit Trauern und den dazugehörenden Gefühlen zu sammeln.
- Es gibt immer einen Ausweg aus der ungünstigen Situation des Verheimlichens. Auch wenn er von schmerzhaften Gefühlen, Traurigkeit und womöglich auch Wut begleitet sein kann, lohnt es sich, ihn zu gehen.
- Wenn man sich dafür entscheidet, das, was verheimlicht wurde, aus der Welt zu schaffen, ist das immer mit einer Entscheidung für Offenheit und Ehrlichkeit verbunden.

Rituale und stärkende Hilfen für die Zeit vor und nach dem Tod

Wir haben auf den folgenden Seiten Rituale und mögliche Bewältigungsstrategien zusammengestellt, die Sie und Ihre Kinder in der Zeit der Trauer begleiten und unterstützen sollen. Sie sind unterteilt für die Zeit vor und nach dem Tod eines lieben Menschen und können Kindern und Erwachsenen helfen, sich mit den Traueraufgaben auseinanderzusetzen.

Umgehen lernen und Kraft sammeln – Das Ruderboot

Es ist in Ordnung, ja sogar unbedingt nötig, immer wieder auch Pause zu machen vom Traurigsein. Das Ruderboot ist ein Bild, das in allen belastenden Lebenszeiten hilfreich ist. Es unterstützt dabei, die richtige Balance zwischen der Auseinandersetzung mit schwierigen Themen und dem notwendigen Kraftsammeln zu finden. Das Bild wirkt besonders gut, wenn es auf ein größeres Blatt Papier gemalt wird und die Ruder dann individuell beschriftet werden.

Die Erklärung dazu geht so: In einer schwierigen Zeit über Wasser zu bleiben und vorwärtszukommen, kann man sich in etwa so vorstellen, als ob man in einem Ruderboot säße. Es gibt zwei Ruder.

Das eine Ruder heißt »**Umgehen lernen**« – mit dem Geschehenen und dessen Spuren in mir und meinem Leben. Das bedeutet:

- Sich damit beschäftigen oder auseinandersetzen, was gerade los ist: daran denken, traurig sein, Wut spüren, überlegen, was das für mich bedeutet …
- Alles Notwendige tun: Besuche, Entscheidungen, Veränderungen …

Das andere Ruder heißt »**Kraft sammeln**« – Stabilisierung und Ressourcenorientierung. Das bedeutet:

- Den Akku aufladen: ausruhen, Dinge tun, die sich gut anfühlen, sich verwöhnen …
- Pausen machen vom Traurigsein und sich ablenken: sich bewusst Zeiten einräumen, die unbeschwert sein dürfen (besonders wichtig ist dabei die Unterstützung Erwachsener für kleine Kinder, die das noch nicht allein können), Dinge unternehmen (hören, sehen, spielen), die Spaß machen, die den Kopf mit etwas ganz anderem beschäftigen

Um mit dem Boot vorwärtszukommen, müssen beide Ruder benutzt werden. Denn was passiert, wenn wir nur eines benutzen? Richtig, wir drehen uns im Kreis. Das ist anstrengend und uns wird wahrscheinlich ganz schwindelig, vorwärts kommen wir so aber nicht. Das Gleiche gilt auch, wenn wir nur über das nachdenken, was gerade schmerzhaft ist, und notwendige Dinge erledigen, die mit der schwierigen Situation in unserem Leben zu tun haben, uns aber mit nichts anderem mehr beschäftigen.

Und was passiert, wenn wir uns nur ablenken? Wenn wir alles vermeiden, was mit der schwierigen Herausforderung zu tun hat? Dann ist es so, als würden wir nur mit dem anderen Ruder rudern, und wir drehen uns wieder im Kreis.

In schwierigen Zeiten kommt es also darauf an, mit beiden Rudern zu rudern. Familien können ein gemeinsames Boot gestalten, ein Familienboot sozusagen, und den beiden Rudern ganz konkrete Tätigkeiten und Situationen zuordnen:

- Umgehen lernen: Wir besuchen zusammen den Papa im Krankenhaus, wir sitzen zusammen und halten aus, dass es wehtut, wir besprechen, was die Krankheit bedeutet.
- Kraft sammeln: Wir unternehmen etwas Schönes, wir backen einen Kuchen, wir schauen die Lieblingsserie zusammen an.

Ältere Kinder und Jugendliche brauchen vielleicht ein persönliches Boot (neben oder statt dem Familienboot), auf dessen Kraft-Ruder Freunde, Unternehmungen oder ganz andere Dinge auftauchen.

Auch für die Erwachsenen ist es sehr wichtig, das eigene Boot im Blick zu haben. Sie sind sonst gefährdet, in der Bedeutung und im Ausmaß des Schmerzes sowie in den Pflichten und der Verantwortung, die daraus erwachsen, zu ertrinken. Doch Sie als Erwachsene, als Große, brauchen Ihre Kraft: Zum einen, um auf den Füßen zu bleiben, für sich und die Kleinen, und zum anderen, weil Kinder am Vorbild lernen und selbst keine Pause machen können, keine Unbeschwertheit zulassen, wenn sie es an ihren Erwachsenen so völlig anders erleben.

Für Luis war es nach dem Tod seines Vaters ganz wichtig, beide Seiten der Verarbeitung kennenzulernen. Er hat sich selbst in seinem Ruderboot gemalt und auf der einen Seite aufgeschrieben, was ihm hilft, sich zu erinnern und für das, was geschehen ist, einen Platz zu finden, und auf der anderen Seite, was er tut, um genügend Kraft zu sammeln. Seine Ideen schrieb er auf Klebezettel, die er ergänzen, austauschen oder anders anordnen konnte, je nachdem, was gerade besonders wichtig war.

»Mein Ruderboot«, Luis, 10 Jahre

Rituale für die Zeit des Sterbens

Rituale geben Sicherheit und helfen in Stresssituationen. Und sie bedeuten Heimat. Die folgenden Rituale können trauernden Menschen helfen, wenn ein geliebter Mensch stirbt. Vielleicht passen einige davon zu Ihrem Kind, zu Ihnen und Ihrer Familie. Vielleicht können wir Sie auch anregen, ganz eigene Rituale zu finden. Letztlich zählt immer, was Ihnen und den Menschen in Ihrer Familie guttut.

Ein Handabdruck voller Liebe

Manchen Menschen gefällt die Idee, ihrem Kind ein Zeichen für die schwierige Zeit des Sterbens, aber auch für das Weiterleben nach ihrem

Tod zu hinterlassen. Für andere ist diese Vorstellung sehr schwierig. Natürlich ist darauf zu achten, wie weit der jeweilige Mensch in seiner Auseinandersetzung mit dem eigenen Abschied ist. Aber auch ohne das Thema Sterben in den Fokus zu nehmen, kann diese Methode über schmerzhafte Zeiten der Abwesenheit hinweghelfen.

Benötigtes Material:

- DIN-A4-Papier, wenn es geht etwas dicker (oder großes Baumwoll-T-Shirt)
- Fingerfarben
- Stift für Überschrift oder Beschriftung
- Reinigungstücher

Kinder vermissen neben der bloßen Anwesenheit ihrer Bezugspersonen oft auch besondere Eigenschaften oder Fähigkeiten dieser Menschen. Das kann Stärke oder Mut, aber auch die Fähigkeit, sie zu trösten oder zum Lachen zu bringen, sein.

Diese Eigenschaften, oder auch ganz einfach die Liebe und Verbindung zum Kind, können in diesem Ritual mittels eines Handabdrucks symbolisch konserviert werden. Hierzu macht die Person, von der die Trennung bevorsteht oder die – etwa aufgrund eines längeren Krankenhausaufenthaltes – bereits jetzt häufig abwesend ist, einen Handabdruck.

Nach unserer Erfahrung ist das gemeinsame Erarbeiten und Herstellen dieses Handabdrucks ein wertvoller und berührender Teil der Verbindung, die durch den Abdruck später spürbar bleiben soll. Falls aber die emotionale Ergriffenheit der betroffenen Erwachsenen sehr groß ist und sie Sorge haben, dass sie nicht in der Lage sind, ein Kind einzubeziehen, können sie den Abdruck auch allein herstellen und dann dem Kind mit einigen erklärenden Worten überreichen.

Die Farbe kann entweder derjenige aussuchen, der den Handabdruck macht, oder aber das Kind hat eine Idee, welche Farbe besonders gut passt.

Wenn das Kind beim Erarbeiten mit dabei ist, werden die Schreibhand des Kindes und die Erwachsenenhand aneinandergelegt. Handfläche auf Handfläche, Finger auf Finger. Mit ein paar Worten kann die Verbindung, die spürbar wird, beschrieben werden, zum Beispiel: »Spürst du, wie lieb ich dich habe? Wenn wir hier gemeinsam sitzen und auch, wenn wir nicht zusammen sind.«

Wenn der Erwachsene möchte, kann er den nun folgenden Farbabdruck durch Aufdrücken der Hand auf das Papier ebenfalls mit Worten begleiten: »So. Ich stempele mein ganzes Liebhaben für dich hier auf das Papier.«

Der Fantasie ist keine Grenze gesetzt, natürlich kann ein Handabdruck viele Farben haben, natürlich können verschiedene Finger für verschiedene Inhalte stehen. Es hat sich jedoch bewährt, es nicht zu kompliziert zu machen. Falls die Kinder sich nämlich später nicht mehr genau an die Inhalte erinnern können, kann sie das traurig machen oder dazu führen, dass der Abdruck nicht genutzt werden kann. Die Betonung liegt ohnehin eher auf der Verbindung!

Wenn Sehnsucht oder der Schmerz der Trennung in einer bestimmten Situation sehr spürbar sind, kann das Kind zukünftig seine Hand auf den Handabdruck legen und die Verbindung spüren. Je erlebbarer auch das Entstehen des Abdrucks für das Kind oder die Erklärung war, desto wertvoller wird die konservierte Verbindungsqualität sein.

Laminieren kann die Haltbarkeit der Abdrücke sehr verlängern, bitte besprechen Sie diesen Schritt jedoch mit dem Kind, da er manchmal als störend empfunden wird. Der Abdruck sollte gut aufbewahrt werden, viele Kinder verwahren ihn auch noch Jahre nach dem Abschied an einem sicheren Ort.

Man kann den Handabdruck auch auf die Vorderseite eines T-Shirts drucken. Dort ist er sehr nahe beim Kind, auch dort kann mit der eigenen Hand Verbindung hergestellt werden. Überlegen Sie gemeinsam mit Ihrem Kind, welche Version für Sie beide die richtige ist.

Tröster und Erinnerer finden

Viele Kinder erleben es als tröstlich, wenn sie während der Zeiten des Vermissens, vor und nach dem Tod, etwas bei sich haben, das sie drücken, festhalten und mit dem sie sich selbst trösten können.

Es gibt die Möglichkeit, ganz professionell individuelle Begleiter aus der Kleidung eines wichtigen Menschen herstellen zu lassen, vor oder nach seinem Tod. (Das wird etwa bei MaPaPu angeboten, siehe Kontakt im Anhang, Seite 190.) Aber auch mit einfacheren Mitteln lässt sich zum Beispiel aus dem Lieblings-T-Shirt von Papa ein kleines Kissen nähen, das abends im Bett Halt gibt und Trost spendet, oder der Pulli von Mama wird zum Tröster für das Kind.

Überhaupt ist die Möglichkeit, Nähe zu einem wichtigen Menschen über dessen Kleidung und Geruch herzustellen, für Kinder oft sehr hilfreich. Wichtig ist das individuelle Gefühl, das Kinder dabei haben. Deshalb fragen Sie das betroffene Kind: Findet es den Gedanken angenehm oder eher nicht? Richten Sie sich nach dem Bedürfnis Ihres Kindes und nicht nach den eigenen Vorlieben. Erklären Sie Ihrem Kind, dass es sich selbstverständlich gleichzeitig traurig und gut anfühlen darf, den Tröster zu sehen, zu berühren, zu riechen. Das gehört dazu.

Für manche Kinder ist es auch schön, ein besonderes Stofftier als Begleiter in dieser schwierigen Zeit geschenkt zu bekommen. Es sollte ein neues Stofftier sein, das noch keine andere Rolle im Leben des Kindes spielt. Es ist gut, wenn das Stofftier nicht zu klein ist, sondern eine gewisse Größe hat, damit sich das Kind gut ankuscheln und sich sicher fühlen kann. Dann kann das Stofftier zum Beispiel auch ein T-Shirt angezogen oder ein Tuch umgebunden bekommen, das dem Menschen, der gerade schmerzlich fehlt, gehört hat. So kann der neue Tröster ein klein wenig »Stellvertreter« sein.

Für ältere Kinder und Jugendliche sind kleine Erinnerungsstücke, die sie bei sich tragen können, ebenso bedeutungsvoll wie für kleinere. Manchmal fällt aber die Reaktion eher verhalten oder sogar betont cool aus. Lassen Sie sich nicht täuschen. Die erste »coole« Reaktion sagt oft nichts darüber aus, welche Bedeutung ein kleiner »Erinnerer« oder »Tröster« haben kann, der in die Hosentasche passt und dem Kind immer wieder versichert, dass Mama oder Papa an es denken, während sie nicht bei ihm sein können.

Es kommt gar nicht so sehr darauf an, was der Erinnerer ist: Das kann ein Steinchen sein, das man zusammen gefunden hat, oder ein kleiner Zettel mit einem Gruß. Es eignet sich eigentlich alles, denn es kommt weniger auf den Gegenstand selbst an als vielmehr auf die Verbindung, die durch ihn entsteht. Bei einer Zwölfjährigen, die wir betreuten, war es beispielsweise ein Knopf vom Hemd des Vaters, den sie auch Jahre später noch immer im Geldbeutel mit sich trug.

Die Coolness ist manchmal eher Ausdruck der großen Gefühle und der Scham, die damit oft einhergeht, und auch als solcher zu behandeln. Setzen Sie das Kind nicht unter Druck, verlangen oder erwarten Sie keine spezielle Reaktion, ermöglichen Sie einfach ohne viel Aufheben die Geste.

Erinnerungsbrief oder -buch

Viele Kinder wünschten, oft noch Jahre nach dem Verlust eines wichtigen Menschen, sie hätten viele Dinge noch gefragt oder erfahren, oder sie bewahren Briefe, Stimm- und Bildaufzeichnungen ihrer Verstorbenen sorgsam auf.

Eine Möglichkeit, die manche sterbende Bezugspersonen heute nutzen, ist, einen Brief an die eigenen Kinder zu schreiben oder sogar eine Videobotschaft aufzunehmen. Dabei sollte Ihnen nicht der intensive Wunsch im Wege stehen, einen alles sagenden Brief zu schreiben. Wichtiger als der Inhalt ist, dass der Brief oder die Botschaft überhaupt entsteht. Nicht umsonst sind alte Anrufbeantworteransagen des verstorbenen Papas oder Mamas letzte SMS, so alltäglich ihr Inhalt auch sein mag, von so unvergleichlichem Wert.

Gute Ansatzpunkte können sein, zu erzählen oder zu schreiben, wie sehr man sich über die Geburt des Kindes gefreut hat, welche Gedanken und Gefühle man damals hatte. Auch die Beschreibung einer Lieblingserinnerung kann Platz finden. Sollte es um eine Ton- oder Videoaufnahme gehen, kann das Lieblingsbuch des Kindes vorgelesen werden. Diese Aufnahme wird, unabhängig vom Alter des Kindes, eine hohe Bedeutung behalten.

Neben all diesen freien Gestaltungsmöglichkeiten gibt es heute verschiedene »Erzähl mal«-Bücher (zum Beispiel von Elma van Vliet, siehe Literaturempfehlung im Anhang, Seite 188), die viele verschiedene Themen vorschlagen. Dieser etwas festere Rahmen kann den Erwachsenen helfen, mit der eigenen emotionalen Berührung umzugehen.

Sollten Sie ein solches Erinnerungsstück für Ihr Kind planen, bedenken Sie die Wucht, die dieses Vorhaben auch für die beteiligten Erwachsenen haben kann. Lassen Sie sich genug, aber nicht zu viel Zeit und suchen Sie individuell, vielleicht auch mit professioneller Hilfe, nach Ihrer eigenen Umsetzungsmöglichkeit.

Bitte denken Sie daran, dass ein solches Video oder Buch, ein solcher Brief sehr tiefgreifend bewegen kann. Anstatt dieses besondere Geschenk einfach zu überreichen, erzählen Sie Ihrem Kind davon und fragen Sie es, ob und wann es diese Erinnerung haben möchte. Manchmal ist die Vorstellung für das Kind noch zu intensiv und es braucht für einige Zeit noch einen sicheren Aufbewahrungsplatz. Begleiten Sie die erste Begegnung des Kindes mit dem Geschenk, erklären Sie, dass schöne Erinnerungen eine Zeit lang Schmerz und Trost gleichzeitig auslösen. Geben Sie Ihrem Kind genug Raum, lassen Sie es aber mit dieser Erfahrung nicht allein.

Rituale für die Zeit der Trauer

Die folgenden Rituale können helfen, die Trauer um einen Verstorbenen ins Weiterleben zu integrieren, Erinnerungen zu bewahren und die neue Beziehung zum Verstorbenen zu definieren.

Wichtige Tage gestalten

Todes- und Geburtstag des Verstorbenen, aber auch andere Anlässe wie Mutter- oder Vatertag, Weihnachten und Ostern sind für viele Trauernde besonders schwer. Am liebsten würde man so tun, als ob nichts wäre. Nach unserer Erfahrung ist es unglaublich wichtig, diese Tage selbst in die Hand zu nehmen und zu gestalten. Am besten werden sie bestimmt von einer Mischung aus Trauer und positiven Erinnerungen. Es stärkt, wenn man diese Tage in Gemeinschaft verbringt, ist eine Wohltat für die Seele und hat eine heilsame Wirkung.

Überlegen Sie gemeinsam mit Ihrem Kind, wie Sie den besonderen Tag begehen möchten. Möchten Sie Freunde, Bekannte einladen? Den Lieblingskuchen des Verstorbenen backen? An einen Ort gehen, an dem Sie immer gemeinsam waren? Oder vielleicht möchten Sie alle gemeinsam zum Friedhof gehen, jeder nimmt eine Kerze mit und zündet sie am Grab an. Anschließend geht man gemeinsam etwas essen oder spazieren. Es darf geweint, gelacht, gesprochen und geschwiegen werden. Versuchen Sie eine gute Mischung aus all dem zu finden, was an diesem Tag sein darf und kann.

Jahresabschlussritual

Die Silvesternacht ist der ideale Zeitpunkt, um sich von Altem zu verabschieden und Neues zu begrüßen. Lassen Sie gemeinsam mit Ihren Kindern das vergangene Jahr Revue passieren. Entscheiden Sie zusammen, was Sie gern im alten Jahr lassen möchten und was Sie mitnehmen wollen.

Für dieses Ritual brauchen Sie zwei Blatt Papier und etwas zum Schreiben (oder Malen).

Auf das erste Blatt schreiben Sie all das, was im vergangenen Jahr nicht so gut war. Sprechen Sie mit Ihren Kindern darüber, was sie im vergangenen Jahr anstrengend oder schlimm fanden. Gab es Probleme in der Schule? Streit mit Freunden? Traurige Ereignisse? Kleinere Kinder können das, wovon sie sich verabschieden möchten, auch malen.

Auf das zweite Blatt Papier schreiben und malen Sie gemeinsam das, was gut war, und alle Wünsche, die Sie für das kommende Jahr haben. Vielleicht taucht dabei auch der Wunsch auf, der Verstorbene solle wiederkommen. Seien Sie dann ehrlich zu Ihren Kindern, erklären Sie, dass das leider nicht passieren wird. Finden Sie gemeinsam heraus, was denn die Nähe des Verstorbenen symbolisieren könnte: Erinnerungsstücke oder feste Rituale, die die Kinder vorher gemeinsam mit dem Verstorbenen hatten, können helfen. Vielleicht ist ein Kind mit dem Verstorbenen immer mittwochs schwimmen gegangen oder man hat sonntags gemeinsam Kuchen gebacken? Vielleicht möchte Ihr Kind diese Unternehmungen noch eine Zeit lang weiterführen. All das kann auf dem Wunschzettel für das neue Jahr stehen.

Wenn Sie beide Blätter beschriftet haben, verbrennen Sie gemeinsam den Zettel mit den Dingen, die nicht gut waren, von denen Sie sich verabschieden möchten. Die Asche übergeben Sie dem Wind.

Das zweite Blatt, den Wunschzettel, hängen Sie gut sichtbar auf oder legen ihn an einen Ort, wo die Kinder und Sie ihn immer wieder anschauen können. Im kommenden Jahr verbrennen Sie diesen Zettel dann ebenso wie den Verabschiedungszettel, da Sie dann ja für das neue Jahr wieder einen neuen Wunschzettel schreiben.

Dieses Ritual können Sie im kleinen Kreis, in der Familie oder mit Freunden begehen.

Gute Orte finden

Gute Orte für sich selbst und den Verstorbenen können auf vielerlei Art und Weise hilfreich und trostspendend sein.

So finden Sie gute Orte im Außen:

Der Körper des Verstorbenen wird bei Abschied, Trauerfeier und Beisetzung versorgt. Für viele Menschen wird daher das Grab zu einem der Orte, der intensive Begegnung mit dem Verstorbenen spürbar macht. Die Pflege des Grabes ist eine Möglichkeit, der Liebe zum Verstorbenen Ausdruck zu verleihen.

Für andere Menschen und oft auch für die Kinder sind es andere Orte, die die Verbindung spürbar machen. Lieblingsplätze, Erinnerungsplätze oder Orte, die für Natur, Weite oder Unendlichkeit stehen: All das können »gute Orte im Außen« sein. Manche Familien spüren besonders

»Ewige Ruhe«, Florian, 9 Jahre

in der Natur intensive Begegnung mit ihren Verstorbenen. Im Himmel, in den Sonnenaufgängen oder beim Blick zu den Sternen.

Für Florian war der Friedhof ein solcher Ort geworden. Er malt ihn im strahlenden Sonnenschein.

Die zehnjährige Aurelie etwa rief beim gemeinsamen Spaziergang mit Tita Kern plötzlich aus: »Schau! Ein Eichhörnchen. Weißt du, dass Eichhörnchen Postkarten sind von Menschen, die schon gestorben sind? Da hat gerade jemand einen Gruß geschickt.«

Nicht nur das Finden eines guten äußeren Ortes für den Verstorbenen ist wichtig, auch eigene gute Orte im Außen zu finden, kann hilfreich und tröstlich sein. Vielleicht sind einige dieser Orte sogar deckungsgleich, tragen besonders viele gemeinsame Erinnerungen, vielleicht braucht es aber auch ganz verschiedene Orte: Einen zum Erinnern, um die Verbindung zu spüren. Und einen anderen, um Trost zu erleben oder auszuruhen, um Kraft zu tanken und die Lebensenergie zu spüren.

Überlegen Sie gemeinsam: Vielleicht bauen Sie mit Ihrem Kind einen Kuschelplatz im Kinderzimmer zum Abschalten und Entspannen? Was sind die Orte für Lebensfreude und Ablenkung? Welcher Ort in der Wohnung lädt zum Erinnern ein, welcher Sessel, welches Bild soll dort stehen?

So finden Sie gute Orte im Innen:

Ein weiterer Schritt, den viele Kinder und auch Erwachsene als wohltuend empfinden, ist, auch für die Seele – oder welche Bezeichnung Sie verwenden wollen – (siehe hierzu auch Seite 81) des Verstorbenen einen guten Ort zu gestalten. Es ist der Teil, mit dem wir verbunden und in Beziehung bleiben, und es ist ein ganz normaler sowie gesunder Wunsch, dass man sich ihm nahe fühlen will. Geben Sie diesem Wunsch ruhig nach. Das hat nichts mit dem Wegschieben des Verlustes zu tun. Solange die Veränderung durch den Tod klar bleibt, darf eine neue Verbindung wachsen, mit guten und heilsamen inneren Bildern.

Stellen Sie sich gemeinsam mit Ihrem Kind einen schönen und

wunderbaren Ort für Ihren verstorbenen Menschen vor. Für die meisten Kinder hat die Seele in ihrer Vorstellung wieder die vertraute körperliche Gestalt des verstorbenen Menschen. Das ist völlig in Ordnung.

Auch in Ellas Vorstellung hat die Seele von Mama eine ganz ähnliche Gestalt angenommen wie zuvor und sie malt sie als blonden, lächelnden Engel.

Der Vorstellung sind bei der Ausgestaltung dieses Ortes keine Grenzen gesetzt, es hilft aber, sich immer wieder daran zu erinnern, dass Schmerz, Krankheit und Angst beim Sterben mit dem Körper zurückgelassen wurden. Mit alldem hat die Seele nichts mehr zu tun.

Der Ort darf in der Vorstellung immer wieder verändert werden, oft schwirren erst einmal ganz viele unterschiedliche Möglichkeiten im Kopf herum. Vielleicht verändert sich das Bild im Laufe der Zeit, vielleicht braucht es an manchen Tagen etwas anderes als an anderen. Der Ort sollte für den Verstorbenen ganz individuell passen, sodass er sich dort in der Vorstellung wohl, sicher und glücklich fühlt. Es soll ein Ort sein, an dem das Kind dem Verstorbenen in Gedanken begegnen, ihn besuchen kann.

Viele Kinder genießen es, wenn Erwachsene diese Reise in die Fantasie mit ihnen gemeinsam gestalten. Fragen Sie ruhig nach, lassen Sie heilsame Bilder aufsteigen, damit das Gefühl von Versorgung und Zufriedenheit so spürbar wie möglich wird. Wenn Krankheit oder schmerzhafte Gefühle im Bild erscheinen, erinnern Sie liebevoll daran, dass die Seele diese Dinge zurückgelassen hat. Älteren Kindern und Jugendlichen fällt es leichter, einen Ort stabil in ihrer Vorstellung zu verankern, als jüngeren Kindern. Jüngere Kinder malen den Ort gern auf.

Zum Abschluss können Sie Ihrem Kind vorschlagen »zu zaubern«. Erklären Sie, dass Wärme Dinge miteinander verbinden kann. So wie beim Aufbügeln von bunten Bildern auf ein T-Shirt.

Lassen Sie Ihr Kind beide Handflächen ganz fest aneinanderreiben, bis deutlich spürbar Wärme entsteht. Dann legt das Kind die warme

»Mama-Engel«, Ella, 9 Jahre

Schreibhand auf das eigene Herz. Die Wärme der Hand verbindet nun das Vorstellungsbild mit dem Herzen des Kindes.

Immer, wenn es die Hand auf diese Stelle legt, kann es das Bild wieder spüren, ohne dass es irgendjemand sonst bemerkt.

Erinnerungen aufbewahren und pflegen

Ein Hinweis, den wir Familien gern mit auf ihren Weg geben, ist, Erinnerungsstücke erst einmal aufzuheben und sie nicht aus einem Impuls heraus vielleicht viel zu früh in irgendeiner Form herzugeben. Manchmal sind es gerade Kleidungsstücke, Lieblingstassen, kleine Dinge – Mamas Lippenstift oder Papas Rasierwasser –, die zu unschätzbaren Kostbarkeiten werden. Vielleicht braucht man im ersten Moment Abstand zu diesen intensiven Erinnerungen. Dann ist es eine gute Lösung, Schatz- oder Erinnerungskisten anzulegen, in die man verschiedene wichtige Erinnerungsstücke packt und erst einmal eine Weile unter Verschluss hält, bevor man sie in dem Moment, wenn man sie wieder um sich haben möchte, hervorholen kann.

Solche Erinnerungsschätze können helfen, die Angst vor dem Vergessen zu beruhigen. Dabei ist es wichtig, die unterschiedlichen Bedürfnisse der verschiedenen Familienmitglieder zu respektieren und ihnen Raum zu geben. Denn Erinnern bringt gleichermaßen Trost und Schmerz, es macht die Verbindung und auch den Verlust spürbar. Wo der eine noch Abstand braucht und der Schmerz überwiegt, ist das Erinnern für die andere vielleicht schon mit mehr Leichtigkeit möglich und fühlt sich eher wie ein Gegengewicht zum Schmerz an.

Viele Familien behalten gemeinsame Erinnerungsstücke. Für Kinder ist auch die Überlegung wichtig, welche Dinge sie ganz persönlich und allein aufheben möchten.

Teil eines Erinnerungsschatzes können viele Dinge sein:

- persönliche Gegenstände und Kleidung
- Fotos oder Videoaufnahmen
- Erlebnisse, erzählt oder aufgeschrieben
- Musik

Eine Hand voll Erinnerungen

Wenn Kinder große Angst haben, Begebenheiten, den Geruch des Verstorbenen, dessen Stimme oder Gesicht zu vergessen, gehen Sie auf diese Ängste ein. Manchmal helfen gemeinsames Erinnern und ein Gespräch darüber, dass wir uns nicht nur mit unserem Kopf, sondern auch mit unserem Herzen erinnern. So können wir zwar manche Dinge vielleicht irgendwann nicht mehr konkret benennen, unser Herz erinnert sich aber dennoch und die Spuren, die der geliebte Mensch in uns hinterlassen hat, verblassen nicht.

Eine schöne Übung ist angelehnt an Roland Kachlers Fünf-Finger-Erinnerungsritual aus seinem Buch »Meine Trauer wird dich finden«. Diese Übung ist gut allein durchzuführen, für Kinder ist es aber oft schön, sie gemeinsam auszuprobieren.

Und so funktioniert es (am Beispiel verstorbener Vater):

Führen Sie Ihr Kind durch die Übung:

»Schau dir deine Schreibhand an. Sie hat eine Handfläche und fünf Finger. **Lege den Daumen und den Zeigefinger aneinander.** Halte die Finger aufeinander und rufe eine schöne Geschichte oder Erinnerung an Papa wach, **in der du noch viel kleiner warst oder die schon lange zurückliegt.**«

Bei dieser ersten Erinnerung dürfen natürlich auch Lieblingsgeschichten aus einer Zeit Platz finden, an die das Kind sich nicht selbst erinnern kann. Viele Kinder lieben Geschichten aus der Zeit, in der sie noch ein Baby oder ein Kleinkind waren. Lassen Sie das Kind die Geschichte oder Erinnerung beschreiben. Je lebendiger und spürbarer sie wird, desto besser. Ergänzen Sie Details, die dazu führen, dass sich das gute Gefühl noch weiter ausbreitet.

»Genieße die Erinnerung und nimm dann die Finger langsam wieder auseinander, sodass die Erinnerung wieder verblasst. **Lege nun Daumen und Mittelfinger aufeinander.** Halte die Finger aufeinander und rufe eine schöne Erinnerung an Papa wach, **in der ihr etwas zusammen unternommen habt.**«

Lassen Sie Ihr Kind lebendig beschreiben.

»Genieße die Erinnerung und nimm dann die Finger langsam wieder auseinander, sodass die Erinnerung wieder verblasst. **Lege dann Daumen und Ringfinger aufeinander.** Halte die Finger aufeinander und rufe eine Erinnerung an Papa wach, **in der ihr zusammengehalten habt.**«

Ermutigen Sie Ihr Kind erneut, die Erinnerung lebendig und ausführlich zu beschreiben.

»Genieße die Erinnerung und nimm dann die Finger langsam wieder auseinander, sodass die Erinnerung wieder verblasst. **Lege jetzt Daumen und kleinen Finger aufeinander.** Halte die Finger aufeinander und rufe eine Erinnerung an Papa wach, **in der etwas Lustiges, Fröhliches oder Verrücktes passiert ist.**«

Lassen Sie Ihr Kind auch dies lebendig beschreiben.

»Genieße die Erinnerung und nimm dann die Finger langsam wieder auseinander, sodass die Erinnerung wieder verblasst.«

Verändern Sie die Überschriften der Erinnerungen, wenn sie merken, dass eine oder mehrere nicht passen. Manche Kinder werden unzufrieden oder traurig, wenn ihnen keine passende Geschichte einfällt. Helfen Sie mit und erinnern Sie an bestimmte Episoden oder erzählen Sie Ihrem Kind von bestimmten Begebenheiten, die Ihnen einfallen. Auch diese freie Form der Durchführung, also ohne die oben vorgeschlagene Unterteilung, kann eine schöne gemeinsame Erfahrung sein.

Manche Kinder genießen es besonders, immer wieder die gleichen Erinnerungen in ihren Fingern wachzurufen, anderen macht es Freude, immer neue Geschichten zu erinnern und zu hören. Seien Sie kreativ!

Respektieren Sie aber auf jeden Fall, wenn Ihr Kind keine Freude daran findet oder sogar deutlich seinen Unmut zeigt. Wie schon beschrieben, ist nicht für jeden zu jeder Zeit dasselbe gut und angenehm.

Ein buntes Erinnerungsglas

Viele Kinder und Jugendliche gestalten gern. Die besondere Aufbewahrung von kleinen Erinnerungsstücken oder aufgeschriebenen Erinnerungen, Wünschen, Botschaften oder Sehnsüchten kann eine schöne, kreative Form der Auseinandersetzung sein.

Ein Erinnerungsglas bewahrt wichtige Inhalte für das Kind auf. Noch dazu hat es einen besonderen Charme, weil diese Erinnerungen für andere nicht sichtbar sind. So kann diese Methode auch besonders für

Jugendliche, die vielleicht ihre Erinnerungen, Gefühle und Gedanken nicht preisgeben wollen, sehr nützlich sein.

Benötigtes Material:

- großes Einmachglas (mindestens 1,5 Liter Fassungsvermögen) aus klarem Glas mit dicht schließendem Deckel
- bunter Dekosand in verschiedenen Farben
- evtl. ein Trichter
- kleine Erinnerungsgegenstände oder Zettelchen mit Stift

Zunächst können Sie gemeinsam überlegen oder zusammentragen, welche Erinnerungen, Dinge, Wünsche oder Gedanken in das Erinnerungsglas wandern sollen.

Dann wird eine Schicht farbiger Sand in das Glas geschüttet. Je nachdem, ob man dabei das Glas schräg oder gerade hält, können klare Linien oder auch Wellen als oberer Abschluss der Sandschicht entstehen.

Legen Sie nun das erste kleine Erinnerungsstück oder den ersten kleinen Zettel mit einem Gedanken, einem Wunsch, einer Erinnerung auf den Sand. Vorsichtig arbeiten, da sonst alles durcheinanderrutscht.

Darauf kommt die nächste Schicht Sand in einer anderen Farbe und wieder ein Erinnerungsstück oder ein Zettelchen.

Je nach Anzahl der Schichten, verwendeten Erinnerungsstücke und Größe des Glases entsteht so ein mehr oder weniger buntes, individuelles, vielleicht einem Regenbogen ähnelndes Erinnerungsglas. Falls das Glas mit allen Erinnerungen nicht ganz voll sein sollte, ist es trotzdem sinnvoll, es bis oben hin mit Sand aufzufüllen und dann fest zu verschließen. Sonst verrutscht der Sand und das Muster geht verloren.

Natürlich können auch die Erinnerungen, die bei der Übung »Eine Hand voll Erinnerungen« (siehe oben) gefunden wurden, Teil des Glases werden. Vielleicht bietet sich auch die Gelegenheit, besonderen Sand mit zu verwenden, zum Beispiel von einem besonderen Ort.

Wunschsteine und Wunschbaum

Vielleicht möchten Ihre Kinder und Sie gute Wünsche für den Verstorbenen zum Ausdruck bringen. Eine Möglichkeit, das kreativ umzusetzen, sind Wunschsteine oder ein Wunschbaum.

Benötigtes Material für die Wunschsteine:

- Steine (aus dem Baumarkt)
- wasserfeste Farben, Pinsel
- Klarlack

Die Steine können mit Symbolen, Worten oder einfach nur farbig angemalt werden. Überlegen Sie sich mit Ihrem Kind, wofür die verwendeten Farben stehen können. Wenn Sie die Steine gestaltet haben, dann gehen Sie gemeinsam ans Grab. Falls es kein Grab gibt, suchen Sie sich eine Stelle im Garten, in der Natur oder im Haus, die passend scheint. Legen Sie die Steine ab und wenn Sie möchten, sagen Sie dabei, warum Sie die Steine so bemalt haben, was die einzelnen Farben, Bilder oder Symbole bedeuten. So können wieder Gespräche in Erinnerung an den Verstorbenen entstehen, die von guten Gefühlen und Wünschen geprägt sind.

Anstelle von Steinen können Sie sich auch einen Baum aussuchen, der zum Wunschbaum wird. Das kann ein Baum im Garten, am Grab oder an einem Lieblingsort sein. Falls es keinen solchen Baum gibt, können Sie aus einem Ast einen kleinen Wunschbaum basteln.

Benötigtes Material für den Wunschbaum:

- ein großer Ast
- festes Bastelpapier (grün oder bunt)
- Stifte
- Bänder

Der Ast soll den Baum symbolisieren. Zeichnen Sie auf das Papier die Umrisse von Blättern. Dann schneiden Sie die Blätter aus und machen mit einem Locher oder einer Schere ein kleines Loch in das Blatt, um ein Band durchziehen zu können. Schreiben und malen Sie nun gemeinsam mit Ihrem Kind Wünsche auf die Blätter: für den Verstorbenen oder für sich selbst, für die Familie oder Freunde.

Nun werden die Wunschblätter an den Ast gehängt. Wer möchte, darf wieder laut sagen, was er sich wünscht. Wer das nicht mag, hängt seine Blätter still an den Baum und schickt die Wünsche in den Himmel.

Suchen Sie am besten draußen im Garten oder auf dem Balkon einen Platz für den Ast, sodass er Wind und Wetter ausgesetzt ist. So werden die Blätter nach und nach verwittern. Damit wird sichtbar, dass alles vergänglich ist, sich verändert und auch wieder Neues entstehen kann. Vielleicht machen Sie es zum gemeinsamen festen Ritual, zu bestimmten Anlässen neue Blätter an den Ast oder den Wunschbaum zu hängen.

Sie können auch anstatt der Blätter farbige Bänder an einen Baum draußen hängen. Viele Familien machen dieses Ritual gern an Weihnachten. So können zum Beispiel alle gemeinsam zum Friedhof und anschließend noch zu einem Wunschbaum gehen und diesen mit den guten Wünschen für die kommende Zeit behängen.

Wander-Erinnerungsbuch

Ein Wander-Erinnerungsbuch ist eine schöne Gelegenheit für die Familie, Freunde und Verwandten, Erinnerungen an den Verstorbenen festzuhalten. Gerade für betroffene Kinder ist es ein unglaublicher Schatz, zu erfahren, was für ein Mensch die Mama, der Papa, die Oma oder der Bruder eigentlich war.

Suchen Sie dafür ein dickes Buch mit leeren Seiten. Gestalten Sie gemeinsam mit Ihren Kindern den Umschlag des Buches. Sie können es bekleben oder bemalen, mit Stoff einbinden … lassen Sie Ihre Kinder ihrer Trauer und Erinnerung Ausdruck geben.

Finden Sie gemeinsam einen Namen für das Buch: vielleicht Mama-Buch, Nadine-Buch oder Erinnerungsbuch. Dann gestalten Sie die erste Seite, vielleicht erscheint dort der Name des Buches.

Nun geht das Buch auf Wanderschaft. Sie oder Ihre Kinder entscheiden, wer das Buch bekommen soll. Diese Menschen dürfen Erinnerungen oder Anekdoten ins Buch schreiben, vielleicht auch Karten oder Fotos einkleben. Es sollen keine Beileidsbekundungen, sondern schöne Erinnerungen sein, die das Gedenken lebendig halten. Jeder Mensch verbindet seine ganz eigenen Geschichten mit anderen. Gerade für kleinere Kinder wird der Verstorbene beim Anschauen eines solchen Buches greifbarer.

Das Wander-Erinnerungsbuch ist auch ein schönes Ritual, wenn ein Mitschüler gestorben ist. Die Klasse gestaltet das Buch und jeder schreibt seine ganz eigenen Erinnerungen an den verstorbenen Mitschüler auf. Dieses Buch kann dann der Familie übergeben werden. Die Erinnerungen können auch auf lose Blätter geschrieben oder gemalt und dann zum Buch gebunden werden.

Das SMS- und E-Mail-Buch

Was tun mit den ganzen SMS oder E-Mails, die den Austausch mit dem Verstorbenen dokumentieren? Auch diese kann man in einem Buch zusammenstellen. Im Internet gibt es Anbieter, die Fotobücher drucken; dort kann man auch »nur« Texte oder eine Mischung aus Texten und Bildern drucken lassen. Gestalten Sie dieses Buch mit Überschriften oder Datumsangaben, Bildern, Fotos und Texten.

Sie können die Nachrichten und E-Mails auch auf schönem Papier ausdrucken und diese Seiten dann binden.

Anhang

Literaturempfehlungen rund um Tod, Sterben und Trauer

Canacakis, Jorgos: *Ich sehe deine Tränen. Trauern, klagen, leben können.* Kreuz, 2002

Färber, Margret; Lutz, Martina: *... plötzlich mit dem Tod konfrontiert. Leitfaden für Kitas mit Notfallplänen, Checklisten und Hilfen zur Trauerbegleitung.* Don Bosco, 2014

Kachler, Roland: *Meine Trauer wird dich finden. Ein neuer Ansatz in der Trauerarbeit.* Kreuz, 2014

Kast, Verena: *Trauern. Phasen und Chancen des psychischen Prozesses.* Kreuz, 2013

Kern, Tita: *Leuchtturm sein. Trauma verstehen und betroffenen Kindern helfen.* Kösel, 2022

Kern, Tita: *Wenn das Leben kippt: Ein hilfreicher Kompass für Eltern in Lebenskrisen.* Kösel, 2021

Kopp-Breinlinger, Karina; Rechenberg-Winter, Petra: *In der Mitte der Nacht beginnt ein neuer Tag. Mit Verlust und Trauer leben.* Kösel, 2003

Kutter, Erni: *Schwester Tod. Weibliche Trauerkultur – Abschiedsrituale, Gedenkbräuche, Erinnerungsfeste.* Kösel, 2010

Rinder, Nicole: *Der Tod bringt mich nicht um: Warum ich Bestatterin geworden bin.* Patmos Verlag, 2017

Rinder, Nicole; Rauch, Florian: *Das letzte Fest.* Gütersloher Verlagshaus, 2016

Rinder, Nicole; Rauch, Florian: *Damit aus Trauma Trauer wird. Weiterleben nach dem Suizid eines nahestehenden Menschen.* Gütersloher Verlagshaus, 2016

Schroeter-Rupieper, Mechthild: *Für immer anders. Das Hausbuch für Familien in Zeiten der Trauer und des Abschieds.* Patmos, 2012

Als Reisebegleiter für den letzten Weg und wertvolle Erinnerungsbücher empfehlen wir zudem die »… erzähl mal«-Bücher von Elma van Vliet (alle bei Knaur erschienen), die es für fast jedes Familienmitglied und auch neutral, beispielsweise für Freunde, gibt.

Literaturempfehlungen zum Lesen mit Kindern

Abedi, Isabel; Cordes, Miriam: *Abschied von Opa Elefant. Eine Bilderbuchgeschichte über den Tod.* Ellermann, 2006

Canacakis, Jorgos; Bassfeld-Schepers, Annette: *Auf der Suche nach den Regenbogentränen. Heilsamer Umgang mit Abschied und Trennung.* Bertelsmann, 1994

Kachler, Roland: *Wie ist das mit … der Trauer?* Gabriel/Thienemann, 2007

Schneider, Isabel; Schneider-Hartmann, Martina: *Feli und Matze im Land der Kinderseelen. Eine Geschichte über den Kreislauf des Lebens.* Mabuse, 2012

Stalfeldt, Pernilla: *Und was kommt dann? Das Kinderbuch vom Tod.* Moritz, 2013

Weitze, Monika; Battut, Eric: *Wie der kleine rosa Elefant einmal sehr traurig war und wie es ihm wieder gut ging.* Bohem Press, 1999

Varley, Susan: *Leb wohl, lieber Dachs.* Annette Betz, 2009

Filme für Kinder

Willi will's wissen: Wie ist das mit dem Tod? DVD
Bibliothek der Sachgeschichten – (A5): *Abschied von der Hülle.* DVD
Leb wohl, lieber Dachs. Zeichentrickfilm nach dem Bilderbuch von Susan Varley; kostenloser Download über www.wdr.de möglich.

Hilfreiche Adressen und Kontakte

AETAS, Haus für Lebens- und Trauerkultur: www.aetas.de
Als renommiertes Bestattungshaus im Raum München, welches 2000 gegründet wurde, legen wir Wert auf ein ganzheitliches Konzept, das auf individuelle Bedürfnisse eingeht. Heute sind unter dem Dach von AETAS vier Bereiche zu Hause: Trauer- und Lebenskultur, Bestattung, Fort- und Weiterbildung sowie die AETAS Kinderstiftung.
Dantestraße 29, 80637 München, Telefon: 089/15927 60,
E-Mail: info@aetas.de

AETAS Kinderstiftung: www.aetas-kinderstiftung.de
KinderKrisenIntervention, Beratung und Begleitung für traumabelastete Kinder, Jugendliche sowie ihre Bezugspersonen und Fachkräfte in und um München.
Dantestr. 29, 80637 München, Telefon: 089/15986960,
E-Mail: info@aetas-kinderstiftung.de

AGUS: www.agus-selbsthilfe.de
Hilfe bei Suizid im Umfeld, für Suizidtrauernde bundesweit.
Markgrafenallee 3a, 95448 Bayreuth, Telefon: 0921/1500380,
E-Mail: kontakt@agus-selbsthilfe.de

Nummer gegen Kummer: www.nummergegenkummer.de
Kostenloses Kinder-, Jugend- und Elterntelefon; Montag bis Samstag jeweils 14 bis 20 Uhr. Telefon: 11 61 11

Telefonseelsorge: www.telefonseelsorge.de
Anonyme, kostenfreie Telefonberatung rund um die Uhr. Außerdem auch die Möglichkeit der Chat- und Mailberatung, Telefon: 0 80 01 11 01 11 oder 0 80 01 11 02 22

YoungWings: www.youngwings.de
Bundesweite Onlineberatungsstelle für trauernde Kinder und Jugendliche

Quellenverzeichnis

S. 17 Haltet die Welt an
M+T: Moses Pelham, Martin Haas
© 2005 HANSEATIC MUSIKVERLAG GMBH
AND 3P SONGS GMBH & CO KG
Mit freundlicher Genehmigung von HANSEATIC
MUSIKVERLAG GMBH

S. 107 Bruno Ganz in einem Interview mit Dirk von Nayhauß, für Chrismon, November 2010

S. 139 Still
M+T: Sascha Eigner, Nicholas Müller
2009 HANSEATIC MUSIKVERLAG GMBH
reundlicher Genehmigung von HANSEATIC
VERLAG GMBH

Verletzte Kinderseelen heilen

Dieses Buch ist für alle, die sich »Unterstützung beim Unterstützen« eines traumatisierten Kindes wünschen. Auch das größte Trauma kann damit gut überstanden werden.